中国旅游发展年度报告书系
Annual Development Report of China's Tourism

中国旅游景区度假区发展报告(2023—2024)

CHINA TOURIST ATTRACTIONS AND RESORTS DEVELOPMENT REPORT (2023—2024)

中国旅游研究院 著

北京·旅游教育出版社

图书在版编目（CIP）数据

中国旅游景区度假区发展报告. 2023—2024 / 中国旅游研究院著. -- 北京：旅游教育出版社，2023.12
ISBN 978-7-5637-4633-0

Ⅰ．①中… Ⅱ．①中… Ⅲ．①旅游区－旅游业发展－研究报告－中国－2023-2024 Ⅳ．①F592.3

中国国家版本馆CIP数据核字(2023)第244258号

中国旅游景区度假区发展报告（2023—2024）
中国旅游研究院　著

责任编辑	郭珍宏
出版单位	旅游教育出版社
地　　址	北京市朝阳区定福庄南里1号
邮　　编	100024
发行电话	（010）65778403　65728372　65767462（传真）
本社网址	www.tepcb.com
E - mail	tepfx@163.com
排版单位	北京旅教文化传播有限公司
印刷单位	北京中科印刷有限公司
经销单位	新华书店
开　　本	787毫米×1092毫米　1/16
印　　张	7.25
字　　数	75千字
版　　次	2023年12月第1版
印　　次	2023年12月第1次印刷
定　　价	55.00元

（图书如有装订差错请与发行部联系）

《中国旅游景区度假区发展报告（2023—2024）》
编辑委员会

主　任　戴　斌
副主任　李仲广　唐晓云
编　委（按姓氏音序排序）
　　　　　戴　斌　何琼峰　李仲广　马仪亮　宋子千
　　　　　唐晓云　吴丰林　吴　普　杨宏浩　杨劲松

《中国旅游景区度假区发展报告（2023—2024）》
编辑部

主　编　战冬梅
成　员　周永振　蒋艳霞　赵怡虹　周路路　李　峰
　　　　　徐　静　高慧宇　桂家欣　赵崟杉

序　言

世界级旅游景区的价值取向与建设要义
（2023 年 8 月，张掖）

中国旅游研究院院长　戴斌

一、市场有基础、游客有期待、国家有要求

观光是大众旅游的基础市场，观光、休闲、度假将会长期并存，而不是从景区观光转向休闲度假，这是建设世界级旅游景区的时代背景，也是逻辑基础。14 亿人口的大国，每年都有数以亿计的城乡居民初次进入旅游消费行列，无论是精力旺盛的青少年，还是时间充裕的老年人，都要看一看具有国家地理和人文标志意义的景区景点。近期兴起的"特种兵式旅游"即快速打卡著名景区，"我来了，我看了，我走了"，就是典型的观光旅游。从入出境旅游市场来看，黄山、长江三峡、长城、故宫、三星堆、黄石国家公园、马塞马拉草原、伊瓜苏瀑布、埃菲尔铁塔等地标性景区景点，无一不是初次到访者的必游之地。随

着旅游经验的丰富，人们开始追求某个国家、某个地区、某个城市的深度体验，融入本地居民的休闲空间，或者在度假区和家人一起安安静静地度过闲暇时光。这并不意味着观光旅游不存在了，消费主体转向休闲度假旅游了，而是同一群体在生命周期的不同阶段具有不同的旅游动机。随着时代的发展，会有越来越多的旅游者追求个性化的休闲体验和度假生活，休闲度假旅游者在总出游人数中的比重呈稳步增长的趋势，但是也会有更多的"旅游初体验者"加入观光的行列，并持续推动景区观光和出游基数的稳步增长。只要人口是持续增长的，观光旅游的市场基础就会永远存在下去，只要人们对未知世界的好奇不变，就会既有休闲度假的需求，也有景点观光的需求。从这个意义上讲，旅游景区建设将是现代旅游业的永恒主题，世界级旅游景区则是旅游景区皇冠上的明珠。

景区是现代旅游业的基础支撑，建设旅游强国需要更多高品质的旅游景区。一方面要看到随休闲度假者而来的"去景区化"，另一方面也要看到大众旅游全面发展时代观光旅游者的"景区依赖"。大众旅游全面发展时代的旅游景区体系建设，不能仅仅是分等定级，而要以客源地视角入手，为人民群众建设一批由近及远、类型多元、层次丰富的观光景区和休闲空间。首先是要面向城乡居民的休闲需要，建设一批免费开放的城市绿道和市政公园，让人民尽享身边的美丽风景和日常的美好生活。20世纪60年代在电影电视里看到首都少年儿童的游园画面，80年代在广播里听到《让我们荡起双桨》的歌声，那是多少小镇青年的童年梦想啊！随着经济社会的发展和新型城镇化、美丽乡村的建设，我们应当让更多三四线城市和中心镇的少年儿童也能看见"海面倒映着美丽的白塔 四周环绕着绿树红墙"。其次是方便抵达的郊野公园和湿地公园，可以是免费的，也可以是公益的，稳步将品质生活空间从近景拉向中景。我们看北京市新版城市总规"一屏、三环、五河、九楔"生态空间格局中，"一道绿隔城市公园环""二道绿隔郊野公园环""环首都森林湿地公园环"共同构成了重要的绿化"三环",并完成了绿化隔离为主向服务市民本地休闲和近程出游的功能蝶变。成都的公园城市也是循此逻辑展开的,让公园融入城市经济社会发展体系,进而形成近悦远来、主客共享的美好生活新空间。

在此基础上导入国家视角的国家公园、国家文化公园、地质公园、森林公园、湿地公园、遗址公园、考古公园,为居民——居民是归来的游客,游客是远行的居民——提供类型多元、层次丰富的诗与远方的生活空间。之所以没有将主题公园、度假区、博物馆、美术馆、戏剧场和商业街区等纳入其中,是因为旅游景区本就是国情和时代的产物,而公园和风景名胜区本就是旅游景区的典型代表。绿道、市政公园、郊野公园、国家公园和国家文化公园的建设过程,既是人民美好旅游休闲生活需求不断满足的过程,也是世界级旅游景区建设经验不断累积的过程。

二、景观有价值、文化有底蕴、景区有思想

世界级旅游景区应当,也可以承载全人类的共同价值。旅游景区不能只看见风景,还要看见思想和价值观。没有思想的引领,旅游景区走不远;没有价值观的支撑,旅游景区也是不可持续的。和平与发展、公平与正义、民主与自由的全人类共同价值,也是旅游发展和旅游景区建设的指导思想。和平是人民的永恒期望,犹如空气和阳光;发展是各国的第一要务,是文明存续的有力支撑。在促进各国各地共同繁荣的伟大历史进程中,"提倡创新、协调、绿色、开放、共享的发展观,实现各国经济社会协同进步","要直面贫富差距、发展鸿沟等重大现实问题,关注欠发达国家和地区,关爱贫困民众,让每一片土地都孕育希望"。依托自然资源、历史人文和社会发展体系而发展的景区,在满足旅游者观光休闲需求的同时,也承载着促进人的全面发展、经济增长和社会发

展的光荣与梦想。在景区规划、建设和运营过程中，不仅要关注优秀传统文化的创造性传承和创新性发展，也要弘扬社会主义先进文化，丰富旅游景区体验内容和消费场景。

由于历史的原因，中国很多自然和历史人文景区分布于经济欠发达地区，或者是经济发达地区交通不便的历史文化名城和古村古镇。这些景区需要国家层面的规划建设，以及中央和省级的财政投资和金融支撑。甘肃张掖的七彩丹霞、大佛寺，青海的青海湖、塔尔寺，宁夏的水洞沟、西夏王陵等景区，如果单纯依靠景区的门票收入和自身发展，可能生存都有困难。待这些景区发展到一定程度时，则要有意识地为所在区域的经济社会发展做出应有贡献，比如安徽省委、省政府近日印发的《关于深化文旅融合彰显徽风皖韵加快建设高品质旅游强省的意见》，将建设大黄山世界级休闲度假旅游目的地作为旅游新高地建设工程的重要内容。中国旅游集团化年会推出的文化和旅游融合案例，就有江苏周庄的香村·祁庄的嵌入式发展模式。马鞍山市的长江不夜城以景区思维打造开放式商业街区，以免交租金、共享发展的模式进一步将街区社区化，也是新时代旅游景区发展模式的有益探索。**无论何时何地，不与社区争利，而与人民共享，才是世界级旅游景区该有的样子。**

旅游业经济属性强、市场化程度高，过去四十年中国旅游经济的发展是市场化和专业化的过程，更是改革开放的结果。经济全球化进程中的旅游业应当，也必须向着朝着更加开放、包容、普惠、平衡、共赢方向发展，既要做大蛋糕，更要分好蛋糕，着力解决公平公正的问题。一方面，要充分保障国民的旅游权利，绝不能将每一处风景都圈起来收门票，甚至"防止游客偷窥祖国大好河山"。有条件的地区要有序下调国有重点景区门票价格，包括杭州西湖、桂林象鼻山的免费开放。另一方面，要充分关注景区所在地区人民的发展权利，为世代居住于此者提供高质量的就业、医疗和教育等民生保障。建设景区和发展旅游要为当地居民提供就业机会，并保证量的合理增长和质的有效提升。要努力让生活场景成为景区的特定符号，让旅游更具活力和生命力，让更多人分享旅游带来的红利，真正实现共同富裕。景区是当地自然环境和社会发展体系的有机组成部分，如果出现了景区—社区"二元结构"，那么再美丽的风景，再个性化的服务，也不可能是真正意义的世界级旅游景区。

三、发展有目标、技术有路线、时间不设表

世界级旅游景区要有全球知名度的自然资源，更要有全人类共享的文化价值，也就是党的十九届五中全会公报和国务院"十四五旅游业发展规划"所明确的"文化底蕴深厚"。符合上述要求的旅游景区，我们首先想到的是列入世界文化遗产、世界文化和自然双重遗产、世界自然遗产名录的56个景区。不出意外的话，纳入第一批世界级旅游景区建设名单者，应当产生于依托世界遗产而发展起来的旅游景区。那些具有国家名片属性、兼具自然风光和文化价值、管理边界清晰、游客接待量大、管理现代化的旅游景区，如长城、明清故宫、莫高窟、秦始皇陵及兵马俑坑、布达拉宫历史建筑群、黄山、庐山、武夷山、九寨沟、杭州西湖、苏州园林、福建土楼等容易引起文化和旅游主管部门的关注。对于这些景区来说，当前的主要任务是梳理、总结和提炼旅游景区的文化底蕴，以旅游市场听得懂的语言讲述优秀文化的创造性传承和创新性发展，将"以文塑旅、以旅彰文，推进文化和旅游深度融合"落到实处，并让社会所看见。今后一个时期的工作重点则是坚持大众旅游的人民性、智慧旅游的现代化、绿色旅游的未来感、文明旅游的世界观，让旅游景区的建设成果为世界各国各地区的人民所共享，并以旅游人的身份向世界讲好新时代的中国故事。除了56处世界遗产地，还有数以百计的5A级景区有意愿创造条件进入世界级旅游景区的建

设行列。尽管短期内建成数百家世界级旅游景区不现实，也不可能是政策目标，但是将世界级旅游景区定位于"以现代化管理水平和世界级品质服务包括中国人民在内的世界各国各地区的游客，推动文化和旅游深度融合，推进旅游业高质量发展"，那么我们还是愿意看到更多的旅游景区为此目标而努力。

从政策导向和实践进程来看，世界级旅游景区建设将是一个长期的建设过程，而不是阶段性的成果验收。回到开头，景区观光和度假休闲将在大众旅游全面发展阶段长期并存，中央文件和发展规划也是既要建设世界级旅游景区，也要建设世界级度假区，还要建设一批文化特色鲜明的旅游休闲城市和街区。对于那些有条件建成为代表国家旅游形象、构成国家旅游线路的节点支撑的高等级景区而言，固然要在世界级旅游景区工作指引和旅游主管部门的指导下，创造条件、提升能级，加快建设世界级旅游景区。对于那些更加适宜发展休闲度假新业态的度假区、主题公园、旅游街区，则选择创建世界级旅游度假区、国家级旅游休闲街区、世界级旅游集团。过去四十多年的旅游发展历史表明，供给侧创新主要集中于政府主导标准制定、地方动员行政资源、企事业单位创建摘牌的分等定级。在世界级旅游景区和度假区的评定主体尚未清晰的情况下，传统的创建挂牌模式可能要做相应的调整。不能简单地将世界级旅游景区视为"5A+"的牌子，并以此为目标去列出创建路线图和挂牌时间表。文化和旅游系统、旅游景区管理主体和运营机构都要切实转变工作思路，从分级评定到分类发展，从升A挂牌到全方面提升，从专家评定到市场认可，从国情出发到共同价值，务实推动文化和旅游深度融合，有效提升旅游景区发展质量。无论挂牌还是不挂牌，只有真正实现了景区高水平、游客高满意、发展高质量，文化传承有创造、生态文明有彰显，为世界旅游繁荣贡献中国智慧的"三高二有一贡献"战略导向，为此而付出不懈的努力，才是世界级旅游景区该有的样子。

目 录
CONTENTS

第一章 旅游景区度假区发展现状及展望 …………………………………………… 1
　一、旅游景区度假区发展现状和趋势 ………………………………………………… 3
　二、旅游景区度假区发展重点业态与领域 …………………………………………… 11

第二章 旅游景区度假区投资分析 …………………………………………………… 19
　一、旅游景区度假区投资总体情况 …………………………………………………… 20
　二、旅游景区类上市公司上半年业绩分析 …………………………………………… 23
　三、旅游景区度假区投资展望 ………………………………………………………… 35

第三章 旅游景区度假区相关政策分析与研究 ……………………………………… 37
　一、旅游景区度假区相关政策汇总 …………………………………………………… 38
　二、重点景区度假区相关政策文件解读 ……………………………………………… 41
　三、旅游景区、度假区相关政策研究 ………………………………………………… 49

第四章 国际旅游度假区及度假产业发展典型模式和主要经验 …………………… 55
　一、国际旅游度假区发展的不同类型 ………………………………………………… 56
　二、国际旅游度假产业体系构建的典型模式 ………………………………………… 62
　三、国际旅游度假区及度假产业发展的主要经验 …………………………………… 70

第五章 旅游景区度假区案例研究 ……………………………………… 75

案例一 故宫博物院——传统文化 IP 案例研究 ………………………… 76

案例二 贵州台江"村 BA"——特色文化产业融合案例研究 ………… 83

案例三 圣淘沙名胜世界——国际旅游度假区发展案例研究 ………… 89

参考文献 ……………………………………………………………………… **100**

第一章
旅游景区度假区发展现状及展望

过去三年，旅游市场受到前所未有的冲击，消费行为以及人们对旅游的认知也发生了重大变化。人们之前对旅游的认知是距离越远越好，跨县、跨市、跨省，最好是国际和洲际旅行；时间越长越好，不过夜就不算是旅游；旅游场景越典型越好，比如名山大川、草原、森林、湖泊、古村古镇和历史文化名城、历史遗迹、文化遗产，等等。疫情期间，出境旅游几乎消失，国内旅游距离在节假日则收缩到100公里左右。而今，人们更愿意欣赏身边的美丽风景，享受日常生活的美好。对远方的选择，也不再仅限于热门城市和热点景区，从戏剧场到菜市场，都可以成为旅游的场景。

2023年是全面贯彻落实党的二十大精神、以中国式现代化全面推进中华民族伟大复兴的开局之年，也是坚持以文塑旅、以旅彰文，推进文化和旅游深度融合的破题之年。终结萧条、走向繁荣，管控预期、释放潜力，提振信心、扩大投资，是贯穿全年的旅游新气象。文化和旅游部数据显示，2023年前三季度，国内旅游总人次36.74亿，比上年同期增加15.80亿，同比增长75.5%。居民国内出游总花费3.69万亿元，比上年增加1.97万亿元，增长114.4%。其中，城镇居民出游花费3.17万亿元，同比增长122.7%；农村居民出游花费0.52万亿元，同比增长75.8%。就旅游景区度假区而言，观光仍然是大众旅游的基础市场，观光、休闲、度假将会长期并存，未来一段时间，高品质的旅游景区度假区建设是旅游业高质量发展的重中之重。

一、旅游景区度假区发展现状和趋势

（一）旅游景区度假区在旅游业中率先回暖，带动地方游客快速增长

自 2023 年春节以来，旅游景区以免费、降价和优惠策略而成为各地"抢游客"的首发阵容和主阵地，带动地方游客数量快速增长。文化和旅游部数据显示，春节期间各地相继出台景区门票减免或打折、发放文化和旅游消费券等惠民利民政策措施。据不完全统计，春节期间免费开放 A 级旅游景区 1281 家，占全国 A 级旅游景区总数的 9%，其中 62 家 5A 级旅游景区实行免票政策。河南洛阳 52 家 A 级旅游景区，贵州遵义会议会址、赤水丹霞旅游区、黄果树景区等 377 家 A 级旅游景区推出免门票活动。山东省级财政安排 2.1 亿元用于发放文旅惠民消费券、景区门票减免等。河北、内蒙古等地统筹安排，为消费者提供一揽子惠民礼包。峨眉山、玉龙雪山、黄山等景区接待游客量均已超过 2019 年同期水平，华侨城、长白山、桂林旅游、丽江旅游、天目湖、三特索道、曲江文旅、宋城演艺等景区类企业通过升级改造原有景区、创设新兴项目、充盈文旅产品、挖掘流量活动、提升服务质量等方式夯实接待实力。黄山市旅游总接待量和旅游总收入较 2019 年均有 14% 以上的增长，素来"宠游客"的重庆、西安市民错峰居家而让出热点景区的接待空间，长沙、三亚等地频现神评论"全国人民都来这里过年了吗？"拥有 8000 多张床位的吉林市北大湖滑雪度假区和长白山万达国际度假区多日"满房"。

"五一"假期旅游市场延续春节以来"高开稳走、加速回暖"的态势，按可比口径，出游人次和旅游收入首次超过 2019 年同期数据，旅游业迎来了从市场复苏到高质量发展的战略转折点。各地结合"5·19 中国旅游日"主题月活动，相继推出文化和旅游系列惠民活动，实行景区门票减免或打折、发放文化和旅游消费券等措施。江苏开展"苏新消费·夏夜生活"夏季购物节活动，发放 1.7

亿元惠民消费券及5500万元数字人民币红包。重庆举办第八届重庆文化旅游惠民消费季，携手平台推出文化和旅游消费券。同时，各地积极营造主客共享的美好生活新空间，提升游客满意度和获得感。北京八达岭长城景区采取提前开园、常态化开放夜长城等举措，迎接客流高峰。福建武夷山在各景点加派专人疏导秩序，加强观光车调度管理，优化游客出行体验。

中秋节、国庆节假期，热门景区多次出现拥堵，南京夫子庙、西安兵马俑、泰山、龙门石窟、都江堰等景区相继发出最佳和最大承载量预警，上海、长沙等城市主街区再现"人链式"疏解客流。有人调侃"本想错峰出行，结果预判了他人的预判""进景区前是人山人海，进去后是人海人山"，更多人则是对生活恢复常态后的从容。博物馆、景点、街区等积极推出特色印章，游客在行走和集章中深度体验当地文化，同时激活带动了交通、餐饮、商圈等旅游收入。

此外，根据中国旅游研究院专项调查，游客出游半径和目的地平均游憩半径的变化也解释了景区中远程客流的回归趋势。2023年春节假日期间，游客平均出游距离206.9公里，同比增长57.0%，恢复到正常年份的76%；目的地平均游憩半径11.2公里，同比增长34.4%，较元旦假期有了明显增长，恢复到正常年份的75%。"五一"节假日期间，游客平均出游半径180.82公里，同比增长81.59%；目的地平均游憩半径15.98公里，同比增长167.16%；跨省游客比例达24.50%，较2022年同期提高15.5个百分点；83.47%的游客出游距离在100公里以上。中秋节、国庆节假期，随着常态化旅行和接触性消费政策的实施，游客出游距离和目的地休闲半径明显增长。国内游客出游半径189.5公里，按可比口径较2022年假日同比增长59.6%；游客在目的地的平均游憩半径17.9公里，按可比口径较2022年假日同期增长86.0%。

（二）"去景区化"和"景区依赖"并存，大众旅游全面发展时代的旅游景区度假区体系重构加速

一方面，观光仍然是大众旅游的基础市场，尤其对首次出游和时间预算都受到约束的部分游客来说，具有国家地理和人文标志意义的景区景点依然是这些游客的首选。最近兴起的"特种兵式旅游"也是以快速打卡著名景区为特征的观光旅游。对入境游客来说，长城、故宫、兵马俑、三星堆、敦煌莫高窟等地标性景区景点，无一不是初次到访者的必游之地。每个假期到来，游客出发前最纠结的也经常是哪个景区哪个季节最好。假期间，旅游景区依然是新闻媒体关注的焦点，也是旅游主管部门工作的重点。传统的旅游景区仍然是现代旅游业的永恒主题。

另一方面，随着国内外游客出游经验的丰富，传统旅游景区不再是这部分游客的心头好。越来越多的人开始追求出游地的深度体验，越来越多地加入到本地居民的休闲空间和消费场景，这些景区的外延包括街心花园、城市绿道、乡村的休闲小径，以及城市公园、郊野公园、国家公园等一切有风景的开阔开放空间，还可以是跨业态的一个酒店，一个民宿。这些本地居民的休闲空间和消费场景正成为外地游客奔赴的"另类"旅游景区。

与此同时，还有一部分游客选择到风景优美的度假区和家人一起安静地享受假期，安静并不意味着单一，老人、儿童等同游家人也有休闲、美食、文化娱乐、购物等诉求，这些诉求不再是传统旅游模式下的团购以及仅囿于旅游景区度假区的零星选择，而是要求和本地居民进入同样的休闲消费空间。地铁、公交、网约车、出租车和共享单车等小交通体系有效拓展并满足了游客在传统景区度假区的游憩和消费诉求，同时，融合了本地居民和游客诉求的夜间游等业态以及街区社区商圈等随之而起。传统旅游景区度假区的空间已然延展到公共文化场馆、历史文化街区、商业休闲中心，从戏剧场到菜市场，观影赏戏看展，围炉煮茶分享，游客和市民的身份快速切换，越来越多的人在享受更多元化美好生活的同时，正在重建旅游景区度假区的概念。

观光、休闲、度假正在串联起景区度假区未来的发展路径，个性化和多样化的观光、休闲和度假需求正在推动并引领着旅游景区体系的分解与重构。景区场景化趋势明显，游客聚集的地方即为景区，旅游者日益成为景区、度假区、街区、商圈等旅游资源的定义者，由旅游者来定义旅游景区已是大势所趋，旅游景区度假区单向发展模式终结趋势明显。以客源地视角入手，一批由近及远、类型多元、层次丰富、主客共享的观光景区和休闲度假空间正在形成。

（三）文化创造旅游景区度假区消费的新场景

城乡居民的日常生活空间，特别是那些源于人民精神享受和文化参与需要的原生态文化和体育项目，极大引发了广大游客的参与热情。这些自下而上，由内而外的文化活动，而非人为的造节造事，通过互联网的自发传播而形成了"破圈"效应，并吸引游客的到访，成为文化和旅游深度融合的全新模式。贵州的"村超""村BA"，广东、湖北、湖南、福建、浙江等地的龙舟赛/龙舟扒，广西山歌节，是文化活动和体育赛事，也是旅游吸引物。划龙舟成为端午节最有影响力的IP，广东各种狂飙式龙舟扒、广西端午节划龙船、四川"速度与激情"龙舟赛，包括新疆旱地龙舟，都在短视频自媒体平台收获了持续增长的流量。这些民间自发的，反映群众文化生活新需求的活动、项目和场景，与博物馆、美术馆、图书馆、戏剧场、电影院等传统文化空间共同构成了文化和旅游深入融合的新场景，为旅游业高质量发展注入了新动能。

文化塑造了旅游的未来，丰富了旅游的场景和内涵，旅游也为传统文化的创造性传承、创新性发展提供了全新的场景和无限的可能，广大游客参与文化休闲过程中更是体现出浓浓的家国情怀，生动讲述了新时代的中国故事。有的景区如杭州西湖本身就是文化遗产，是主客共享的美好生活新空间，加上互联网短视频的加持，优秀的创意很容易收获流量，城市也获得了留量，形成了传统文化与旅游空间的良性互动模式。由中国美术学院毕业生创意出镜的"挑货郎"与"卖花娘"，与西湖的文化底蕴、周边环境与节日氛围毫无违和感，相比之前的国潮秀，更多了一份走入寻常生活的丝滑与优雅。这种看似不经意的场景以及对文化本体而非人物载体的强调，更易让游客产生风拂夏荷、雨滴台阶般的治愈感，也为景区导流和城市形象塑造提供了静水深流的新路径。

近年来艺术、科技与旅游的融合，有力推动了景区度假区的内容创造和场景营造，创造了更多有借鉴意义和推广价值的文化和旅游深度融合场景。根据中国旅游研究院（文化和旅游部数据中心）牵头的国家科技重大项目节假日客流监测数据，游客在节假日选择商业综合体、文博场馆和历史文化街区的占比高达20%以上。日趋完善的城市绿道、风景道、社区公园、郊野公园、主题乐园、文博场馆，为城市假日旅游消费的多样性和个性化提供了更多近悦远来、主客共享的美好生活新空间。

中国旅游研究院专项调查显示，端午期间，72.53%的游客参与了两项以上文化活动，同比提高6.63个百分点。北京延庆世园公园的草莓音乐节、山东烟台养马岛音乐节、常州太湖湾音乐节、乌镇之春艺术展，传统民俗与新潮艺术相结合的时尚，为景区度假区带来音乐、戏曲、舞蹈和氤氲的书香。迪士尼、环球影城、欢乐谷、海昌海洋公园、长隆、银基、方特等主题公园和度假区融入了更多的科技元素和文化内涵，培育了文化和旅游深度融合的新场景。哈尔滨极地公园数千名小学生入园参与企鹅、白鲸、北极狼等海洋动物的研学课程，书生意气的研学中体验了家国天下的旅行。2023年8月11日至13日，贵州旅投集团多彩贵州城景区盛大举行"云游音乐节×泡泡岛音乐与艺术节"和"多彩天地·北瓦笙歌狂欢夜"，开展乐队演出、集章打卡、岜沙非遗文化展示、贵州好物新茶饮发布、黔元傩美食体验、全产业链直播种草等系列活动，吸引超

10万人次参与，助力文旅新消费。中秋节、国庆节期间，长安十二时辰主题街区举办"桂月秋思·望长安"系列活动，夜上黄鹤楼、尼山圣境、上海天文馆等沉浸式游戏、研学等丰富业态为游客提供了多样化体验。河南焦作云台山景区数万游客传递巨幅国旗，共同唱响《歌唱祖国》《我和我的祖国》等爱国歌曲。

受城市休闲空间和消费观念的影响，越来越多都市旅游者除了到访知名景点和热门商圈，也开始深度体验本地的文化休闲和日常生活场景，从戏剧场到菜市场，人们重新发现旅行的美好。中央文件和"十四五"旅游发展规划对此也提出了明确要求，"建设一批富有文化底蕴的世界级旅游景区和度假区，打造一批文化特色鲜明的国家级旅游休闲城市和街区"。无论是世界级旅游景区建设，还是当代旅游景区体系构建，都要让游客看见历史的演进和文化的传承，更能看见经济社会发展的未来。当代中国旅游景区度假区的发展战略既要创造性传承、创新性发展优秀传统文化，也要弘扬社会主义先进文化，让民族复兴、人民幸福的中国梦成为旅游休闲新体验。

（四）社会的提问和业者的反思

假期能再多些吗？面对热点景区的"人从众""车车车""攻城""堵骆驼"，网络舆情开始从花式吐槽转向对现行公共假日制度的理性探讨，比如调休的必要性、增加假期的可能性，以及带薪休假的落实。应当说，全年适当增加1~3天公众假期是有民意基础，也是具备经济社会发展条件的，建议全国人大及时启动《全国年节及纪念日放假办法》修订的专项调研工作。国家发改委、文化和旅游部等有关部委，认真倾听各方意见，在科学评估、政府仿真和压力测试的基础上，有效推进《国民旅游休闲发展纲要（2022—2030）》有关"优化全国年节和法定节假日时间分布格局"的任务落实工作。从根本上讲，节假日集中出游的解决之道在于落实带薪休假，让人民群众真正做到不仅"我的行程我做主",而且"我的时间也要我做主"。

落实人民的休息、休假和旅游权利,需要稳步增加法定节假日和带薪休假天数,也要在倾听民意的基础上,持续改进和优化节假日安排,才能更好地满足人民对美好生活的向往。尤其是承载了阖家团圆、人间烟火、诗与远方的春节,放几天假?怎么放?除夕能不能和家人在一起?节后要不要补假?怎么补?都是万众瞩目、万家期待的热点话题。即将到来的甲辰龙年春节将迎来9天的"超级黄金周",团圆旅游两相宜,正是大家想要的春节长假该有的样子。国务院办公厅10月25日发布了《关于2024年部分节假日安排的通知》(以下简称《通知》),比往年来得更早一些。多年以来,节假日安排的发布日期基本是前一年的11月底或12月初,比如2023年的节假日安排是2022年12月8日发布的,2021年的节假日安排是2020年11月25日发布的。2024年的节假日安排之所以提前一个月发布,也是为了及时有效地回应社会各界的期待,真正做到了民有所呼、政有所应。令人欣喜的是,与往年的文件相比,《通知》增加了一句话"鼓励各单位结合带薪年休假等制度落实,安排职工在除夕休息"。带薪休假是职工的法定权利,是人民美好生活的重要组成部分,但是由于各方面的原因,这项制度并没有得到广泛而完全的落实。2022年7月,经国务院同意,国家发展改革委、文化和旅游部联合印发了《国民旅游休闲发展纲要(2022—2030年)》,明确提出要优化法定节假日时间分布格局,推动旅游休闲的快速发展,进一步普及带薪休假,将假期的权利交给个人,促使旅游休闲活动的平衡发展。《通知》鼓励各单位在大家最需要的时候进行统一休假安排,是国务院务实推进带薪年休假的制度创新,意味着职工在2024年2月9日除夕当天可以休假,加上周末2天(2月10日、11日)、顺延的春节假期3天(2月12日、13日、14日),加上前后周末借用的2天(2月15日、16日)和周六1天(2月17日),事实上形成了长达9天的"超级黄金周"。加上元旦3天、清明节3天、劳动节5天、端午节3天、中秋节3天和国庆节7天，应当说是现实最优的年节和纪念日放假安排了。从前期调研反馈来看，机关和企事业对这样的放假安排是积极响应的，广大职工是热烈欢迎的，部分职工还计划通过"拼假"来延长春节假期。无论是从短期的春节放假安排，还是中长期的带薪休假制度安排，《通知》的制度创新意义都是十分明显的。

景区免票有多远？景区是一个包含多种类型的相对宽泛的概念，价格主管部门并不会要求迪士尼、欢乐谷、银基、长隆、海昌海洋公园这样的主题公园提出免费游览的要求，游客也没有免费乘坐交通游览工具、免费享受商品和服务的诉求。从国家发改委、文化和旅游部等部委发布的文件来看，降低门票价格的政策指向一直都是利用全民所有的自然资源和文化遗产发展起来的国有景区。鼓励有条件的国有重点景区门票下调价格，"让老百姓玩得起"，是既定的宏观政策和微观监管的价值取向，也是未来景区的发展方向。具有城市公园性质且地方财政能力强、治理水平高的景区如杭州西湖、桂林象鼻山，景区免费模式的经济社会效益已经实现或者正在显化。山东省和黄山市就景区门票减免做政策评估，应该会越来越机制化并趋于完善，让更多的本地居民和外来游客分享旅游发展的成果。如何兼顾游客、居民、社区和城市发展的利益诉求，需要景区和价格管理部门更多的智慧和耐心，但是大的方向不会改变。无论如何，不能把美丽风景都圈起来收门票，更不能为了收门票而将沿线的风景用幕墙遮挡起来。

网红景区还能红多久？传统景区随着特种兵式旅游的火出圈再次推出一批网红打卡地，越来越多的景区开始关注流量的角色与作用，希望通过专题策划、节事活动、文艺演出打造爆款项目。与此同时，也有媒体和专业人士在追问"网红景区能红多久？"纵观国内外旅游发展和旅游目的地及旅游景区发展的历史，我们可以得出一个基本的结论：景区需要网红，但网红不是景区的全部。

任何时候，城市和景区形象都是自塑和他塑共同作用的结果。便捷的交通体系、完善的基础设施、公共服务和商业环境，高品质的生活方式都是旅游目的地发展的底层逻辑。优秀的内容本身就是流量，就是渠道，加上基于目的地本底资源的创造性推广，网红才会长红而成经典。反之，脱离了这个底层逻辑，再高明的策划也红不了多久。

相对于网红目的地和景区，部分传统旅游目的地，特别是本地消费支撑力相对较弱的旅游城市和远离客源地的山岳型旅游景区，既有流量不足的焦虑，也有创造创新的无力感。曾经摘下一个又一个金字招牌、多次刷新游客接待量历史纪录的旅游景区，开始在市场转折和产业转型之间徘徊。有的传统注定会消逝，成为旅游历史长河中翻腾的浪花；有的则会成为经典，成为江河湖海的底床，构筑旅游业创新发展的基石。如果还是守着远方的风景，固守着曾经的繁华和瞬间的炫目，不了解消费需求的变迁和旅游市场的变化，哪怕有再多的金字招牌附身，也挡不住被市场淹没的洪流。

二、旅游景区度假区发展重点业态与领域

（一）长江国家文化公园建设持续推进，沿线景区度假区融入国家文化空间展示新体系

新时代，党中央、国务院作出建设长城、大运河、长征、黄河、长江五大国家文化公园的战略部署。2021年底，长江国家文化公园建设正式启动以来，各方面工作有序推进，实现良好开局。文化和旅游部牵头制定《长江国家文化公园建设保护实施方案》，将长江沿线13个省区市纳入建设范围，明确含湖北在内的7个重点建设区，编制《长江国家文化公园建设保护规划》，着力建设管控保护、主题展示、文旅融合、传统利用4类功能分区，形成主题明确、内涵

清晰的空间格局。文化和旅游部推出了十条长江主题国家级旅游线路，旨在充分激活长江丰富的历史文化资源，系统阐释长江文化的精神内涵，深入挖掘长江文化的时代价值。长江流域景区度假区融入国家文化空间展示新体系。

过去长江上游城市侧重对两岸自然风光和历史文化资源进行景区开发，如三游洞、丰都鬼城，中下游城市侧重于水面交通和岸边景点的项目建设，如望江亭、振风塔、采石矶等。随着长江国家文化公园建设，长江沿线城市开始江中走、水中游、白日观光、夜间休闲，沿线景区度假区资源与一批科技含量高、文化内涵丰富的创新项目结合，通过自然景观、人文历史和当代生活场景的串联，融合遗址公园、非物质文化遗产、红色旅游资源和当代艺术的文化线，拓展高频次、中低消费和高频次、高消费的市场线。如重庆两江夜游、巫山《三峡之光》、宜昌两坝一峡、武汉《知音号》《夜上黄鹤楼》、南昌《寻梦滕王阁》、安庆的黄梅戏会馆、南京《长江传奇》《达摩古洞》、扬州瘦西湖的《二分明月忆扬州》、上海的浦江夜游、吴淞口邮轮母港等项目，已经形成了市场品牌和产业影响力。

（二）冰雪类景区度假区发展进入扩容提质并重新阶段

随着"三亿人上冰雪"奠定的空前的市场基础，政策创新和政府作为进一步构建了冰雪旅游供给新格局，冰雪类景区度假区进入扩容提质发展阶段。自2021年以来，文化和旅游部、国家体育总局依据《滑雪旅游度假地等级划分》（LB/T083—2021）标准，联合公布了两批19家国家级滑雪旅游度假地名单。2018—2022年五年间，我国冰雪旅游重资产项目的总投资规模超过1.1万亿元。2022年，从投资项目数量与投资规模来看，东北、华北和西北地区处于领先地位，冰雪旅游投资的空间集中度进一步提升。近年来，哈尔滨积极整合项目资源，推动冰雪旅游高质量发展，已经形成了以兆麟公园冰灯艺术游园会、冰雪大世界、太阳岛雪博会为核心，以伏尔加庄园、亚布力滑雪度假区、冰雪嘉年华、融创雪世界、极地馆为支撑，以英杰温泉小镇、亚布力森林温泉、枫叶温泉度假村等寒地温泉产品为补充的多点聚集、网状分布的冰雪旅游项目及产品体系。

根据中国旅游研究院《中国冰雪旅游发展报告（2023）》，北京冬奥会的成功举办极大激发了广大百姓参与冰雪旅游的热情，2021—2022冰雪季我国冰雪旅游的人数超出了预期，很多冰雪企业收获了"史上最好的冰雪季"，全国冰雪旅游市场实现了市场规模和经济效益的双丰收。课题组综合测算，2021—2022年冰雪季我国冰雪休闲旅游人数为3.44亿人次，冰雪休闲旅游收入为4740亿元，2021—2022年冰雪季我国冰雪休闲旅游人数是2016—2017年冰雪季1.7亿人次的2倍多，冰雪休闲旅游收入从2016—2017年冰雪季的2700亿元增加到2021—2022年冰雪季的4740亿元，冰雪旅游实现了跨越式发展。在本地市场消费潜力持续释放和远程冰雪游复苏下，预计"十四五"末期的2024—2025年冰雪季我国冰雪休闲旅游人数有望达到5.2亿人次，冰雪休闲旅游收入将达到7200亿元，冰雪旅游将成为冬季旅游和冰雪经济的核心引擎。

2023年元旦假期，哈尔滨、长春等热门冰雪旅游目的地的搜索热度持续上涨，东北冰雪大世界、亚布力、长白山、中国雪乡、"北极"漠河更是成为热门打卡地。新疆以冬博会和冰雪文化旅游节开启了新年旅游季，北京圆明园、颐和园、紫竹院等公园同步启动假期冰场或雪场活动，四川冰雪游景区串联冰雪观光、滑雪、温泉等系列主题活动，成都西陵雪山滑雪场开放夜滑项目，举办跨年派对吸引游客。广州热雪奇迹作为大型室内滑雪场吸引了众多游客体验室内娱雪项目。中国旅游研究院（文化和旅游部数据中心）专项调查显示，冰雪节庆在假日期间引流效果明显，3.86%的游客参加了冰雪旅游节、冰雕艺术节、冰灯节等冰雪文化活动。

（三）非遗深入景区，走入当代生活，成为吸引游客的流量密码

2023年是联合国教科文组织《保护非物质文化遗产公约》发布20周年。非遗与旅游深度融合，游客在景区度假区与非遗不期而遇成为常态。江苏持续推进"无限定空间非遗进景区"。在保护传承非遗资源的基础上，引导非遗展陈、展示、展演、体验等活动，以多种形式植入吃、住、行、游、购、娱等旅游环节，让游客在景区内共享非遗的魅力。扬州在文旅资源普查的基础上，深入挖掘非遗线索，充实"非遗进景区"项目库，遴选评出市级优秀非遗进景区项目，并发放专项奖补资金。甘肃省文旅厅开展"非遗进景区"示范性系列活动，建设非遗文创展销基地，创新传播方式，推动非遗产品融入旅游空间，进一步提升了甘肃非遗项目的影响力与美誉度，有力推动了非遗与旅游深度融合发展。

旅游为非遗提供了应用场景，而非遗为游客提供了更加深度的文化旅游体验。2023年春节期间，国家级非遗代表性项目上海豫园灯会成为旅游市场的"爆款"，接待客流人次超400万。灯会将花灯的内容聚焦到《山海经》题材，和当下年轻人喜好的奇幻文学产生跨越时间的情感共振。江西景德镇古窑景区的13座历代典型窑炉，200多位非遗传承人现场传承古窑手工制瓷技艺，常态化的复烧点火、开窑成为极具吸引力的文化旅游活动。"非遗+旅游"的方式，仅仅1月至3月就吸引游客量累计突破30万人次。安徽黟县宏村景区恢复有着几百年历史的"闹灯会"民俗活动，运用现代设计理念、新技术和新材料，将花灯从原先只有鱼灯造型发展到麒麟灯、凤灯、牛灯等新品种，根据市场需求打造"花灯制作""舞花灯"两项专业体验课程。两年间，现场体验者达两万余人，线上线下累计观看人数160余万。民宿、非遗相关产品销售等文旅相关产业收入占比达85%，非遗成为景区新的经济增长点。

（四）夜间游助力景区度假区打造近悦远来、主客共享的夜间生活新空间

相当长时间里，夜晚都没有纳入旅游者的视角和旅游业的范围，无论是参

加有组织的旅游团，还是自助旅行，绝大多数游客都是"白天观景，夜间睡觉"。与此相对应，无论是面向团队旅游者的产品和服务，还是面向自助旅行者的公共空间，几乎没有什么可供选择的夜间旅游和夜间休闲场景。随着城市化进程和经济社会的发展，特别是照明科技的进步，晚上八九点钟依然是万家灯火，城市休闲正当时。游客和居民关于昼夜的心理感知发生了巨大变化，夜间文化休闲和旅游消费的需求开始被唤醒、被满足、被创造。在消费、投资和政策的共同推动下，旅游活动的时间得到有效延展，18：00~22：00被称为夜间经济的"黄金四小时"。旅游休闲空间得到有效拓展、消费场景持续丰富，除了KTV、餐饮、购物，还有沉浸式演艺、剧本秀、光影秀、音乐节、livehouse、汉服游园等新的体验项目。以驻留的公寓、酒店、民宿为圆心，周边6公里的街区、商圈和文博场馆也因此被称为"白银六公里"。

据文化和旅游部数据监测，2023年春节假期间243个国家级夜间文化和旅游消费集聚区客流量5212.2万人次，平均每个集聚区每夜3.06万人次。北京八达岭夜长城首次在春节期间对公众开放。四川成都开展夜游锦江、成都灯会、光影节、火花节等系列夜游活动，宜宾集中推出夜饮、夜景、夜娱、夜购、夜游等新业态新场景。陕西西安以"华彩闪耀梦长安，温暖祥和中国年"为主题，举办城墙新春灯会。重庆举办都市艺术节，推出焰火表演、灯光秀、无人机表演等系列活动。

文化和旅游部专项调查显示，2023年端午假期参与夜间游的游客比率达22.3%，较2022年同期大幅提高7.9个百分点。根据数据监测，端午节期间，243个国家级夜间文化和旅游消费集聚区夜间客流量3625.3万人次，平均每个集聚区每夜4.97万人次，较2022年同期增长38.8%。其中，南京市秦淮河—夫子庙片区、泰安市泰山秀城、武汉市江汉路步行街、长沙市五一商圈、成都市春熙路大慈坊、南宁市三街两巷、西安市城墙景区等多个集聚区累计夜间客流量均已超 60 万人次。

2023 年中秋节、国庆节期间，国家级夜间文化和旅游消费集聚区示范带动作用进一步体现，夜间消费活力进一步激发。根据中国联通数据监测，9 月 28 日 18 时至 10 月 6 日 6 时，243 个国家级夜间文化和旅游消费集聚区夜间客流量 1.12 亿人次，平均每个集聚区每夜 5.76 万人次，较 2022 年国庆节假期增长 68.7%。

（五）主题公园引领景区度假区消费热，本土品牌展现强劲复苏能力

自 2023 年春节开始，市场属性更强的主题公园和旅游度假区便以特色创意、科技创新为广大游客带来了久违的欢乐，也收获了较高的营业收入和社会声誉。作为新年俗的旅游，也是疫情过后生活正常化最显著的标志和心理治愈的最佳选择之一。相对传统景区的风景和人文，主题公园和度假区更加注重现代生活方式的引领和消费场景的创造，对经历三年疫情的人们有着更强的吸引力。

春节期间，北京环球度假区开启"环球中国年"主题活动，从氛围、体验、美食、商品、住宿等方面带来难忘的春节主题体验。2023 年 1 月 21 日至 27 日，北京环球影城的客流量一直处于高位，每日人数在 2.4 万人以上。1 月 13 日至 2 月 10 日，上海迪士尼度假区推出为期近一个月的春节主题庆典。据上海国际旅游度假区管委会数据，仅春节假期，上海国际旅游度假区累计接待游客 63.35 万人次，同比增长 39%，实现旅游收入 4.57 亿元，同比增长 58.7%。上海海昌海洋公园则融合海洋文化、京剧元素、非遗文化，打造海底舞狮送五福、水上打铁花等表演。尤其是全国首家奥特曼主题酒店于 1 月 20 日在上海海昌海洋公园开启试营业，预售首日便三秒告罄，一房难求。2023 年春节期间，上海海昌海洋公园最高单日入园人次达 4.5 万，同比 2022 年增长超 120%，呈现明显上升趋势。此外，广州和珠海长隆的八大动物家族和五大动物机甲、郑州银基度假区的萌兔大拜年与花滑国潮秀、哈尔滨极地世界的逃学企鹅，均已成为网红打卡地。

在随后的"五一"劳动节、端午节、中秋节、国庆节及暑期等节假日期间，主题公园依然延续春节以来的热度不减，华侨城主题乐园业务上半年接待游客近1900万人次，刷新历史纪录。暑假期间北京环球度假区，单日入园游客连续突破5万人。上海迪士尼乐园每日入园人数基本在5.5万人以上，高峰期突破7万人。

主题乐园的热度不仅体现在游客数量上，也体现在财报之中。2023年上半年，华强方特的文化科技主题乐园收入24.86亿元，同比增长90.62%，打破了2021年以来持续亏损的态势。海昌海洋公园则展现出更为强劲的复苏能力，通过疫情期引入顶流IP运营项目并快速落地复制，轻资产精品海洋馆项目快速扩张，同时全面提升游园品质，抓住疫情后新消费趋势强势吸引客流。2023年中秋节、国庆节期间，海昌海洋公园累计接待游客80万人次，同比2019年增长超五成，较2022年同期增长超一倍。郑州海昌海洋旅游度假区9月28日开业当天客流超2万人次，中秋国庆假期第一天累计接待游客2.5万人，假期8天度假区累计接待游客16.5万人。上海二期海洋公园预计2025年开业，精品海洋馆未来3至5年将开业100家。此外，海昌海洋公园的IP运营正全面进入IP战略2.0时代，已实现从自有景区到非自营景区的版图扩张，并从开发IP商品进入IP的纵深运营阶段。未来海昌海洋公园将进一步培育丰富的IP生态体系，挖掘IP市场潜力，将IP与零售、餐饮、住宿、互动、游乐设施等多维度场景深度融合，赋能主题公园长久发展。

第二章
旅游景区度假区投资分析

一、旅游景区度假区投资总体情况

2023年政策全面放开，社会经济稳中向好，因各种限制因素阻碍的出游需求集中释放，民众旅游消费热情空前高涨，从游客数量来看，2023年前三季度游客数量同比增幅呈持续提升的态势。景区在旅游业中率先回暖，头部景区更是表现亮眼。景区类上市公司第三季度的财务报表显示，除华侨城、张旅集团、云南旅游、西安旅游4家企业亏损外，其余13家企业均为盈利状态，尤其是宋城演艺，凭借着成熟的项目运营，成本支出数据逐渐乐观，成为第三季度景区类上市公司中盈利最多的企业。2023年随着旅游市场回暖，各市场主体蓄势待发，华侨城、长白山、桂林旅游、丽江旅游、天目湖、三特索道、曲江文旅、宋城演艺等景区类企业通过升级改造原有景区、创设新兴项目、充盈文旅产品、挖掘流量活动，提升服务质量等方式夯实接待实力。综合来说，强势复苏的旅游业在国家和地方各项利好因素的推动下，给予文旅企业十足的信心，旅游景区紧跟市场需求，多点发力，优化供给，发展势头强劲有力。

"小众"旅游消费业态获得投资关注。2023年以来，不少旅游企业以"Z世代"消费需求为导向，关注更多新兴"小众"玩法。例如根据年轻人寺庙游的解压新方式，推出文创、盲盒、周边等产品；把握消费者热爱深度参与体验的特点，九华山推出文宗古村田园综合体项目；以消费者注重情怀及社交体验感为出发点，天目湖打造了侏罗纪IP联动露营会等。

旅游消费场景营造成为投资主体的重要选择方向。"北京市2023年重点建设项目计划"就将京西古道沉浸式生态小镇、王平煤矿文化旅游休闲村及台湖演艺小镇国际图书城提升改造项目列为科技创新及高精尖产业项目中文化旅游产业的新建项目。在2023年江苏省重点文化和旅游产业项目名录中，在建的有南京域见慢城三条垄旅游度假区、宜兴大拈花湾文化旅游综合开发、新沂马陵山旅游综合开发、溧阳天目湖旅游度假区提升等多个文旅商融合的综合性消费场景建设项目。国内首个"小王子"主题乐园落户广州，2023年开始动工，预计2024年开始全面运营。"宋城演艺"在建的佛山千古情项目，以旅游演艺和主题景区为主要内容，预计2024年开业。张旅集团在建的有大庸古城景区，黄山旅游投资建设的花山谜窟景区，还有2023年在西安开业的丝路欢乐世界、在青岛开业的青岛东方伊甸园等项目，均为涵盖多种旅游消费场景的综合性景区和度假区。

（一）加快文旅项目布局　赋能景区二次消费

自国有景区门票被限制价格并鼓励降价、免费以来，靠景区门票拉动营收增长的方式就不再被推崇。随着民众出游需求的持续走高，越来越多的消费群体涌入景区和度假区，景区二次消费项目的布局显得尤为重要。文旅项目注重文化内容表达和沉浸式互动体验价值，是激发消费欲望的重要因素，游客在实景演艺、互动对话、切身体验中学习知识、休闲放松、心满意足。例如，"华侨城"持续在做的IP融合创新文旅项目，"天目湖"结合景区特色推出的夜游餐秀产品以及"宋城演艺"举办的"我回大宋"主题活动等，都是景区增值服务产品实现营收的重要支撑。

（二）多点营销开拓市场　新零售成创收新模式

传统的景区运营模式在近几年消费市场变化的作用下已开始迭代更新，不少景区已体会到流量巨大号召力带来的红利。线上+线下的互动营销模式受到市场认可和青睐，热点话题引发关注，持续内容输出吸引流量，直播零售加强旅游产品和消费需求的连接，数字化、电商、社交媒体平台、直播等多种营销渠道的应用让景区和旅游企业获得更广泛直接的市场空间，同时也为市场主体拓展收入注入新活力。如"大连圣亚"根据不同营销内容搭建各有侧重的新媒体平台矩阵；"天目湖"深挖产品特色及亮点，强化短视频对公司各类主题素材的推广，并通过淡季旅游产品促销、推出流量型产品和个性化特色活动等线上+线下营销模式引流；"黄山旅游"借助流量进行黄山表达，打造新媒体宣传矩阵平台，开展全员营销季活动，推介公司旅游产品，并推动建设客源地抖音达人的销售网络建设；"曲江文旅"大唐芙蓉园联合东方甄选，以直播销售的方式进行流量导入。

（三）消费多元对景区度假区打造多层次产品提出更高要求

随着国民经济增长，旅游市场下沉，旅游业逐步进入平民消费时代，客流结构的多元化对旅游产品的选择也各有侧重。为了在竞争日益激烈的旅游市场中占据一席之地，越来越多景区度假区及旅游产品运营者开始探索符合不同消费层次的旅游产品开发模式，以传统+现代、组织变革、内容创新、IP联动、服务升级和数智化转型等方式持续吸引有不同出游诉求的消费者。高端化、品质化和性价比高的旅游产品相辅相成或将成为产品组合的重要考虑因素。低消费出圈的淄博，高性价比的"特种兵旅游"，主打悠闲、经济的"City Walk"、渴望特殊体验的"平替"出行、追求清净放松的"反向旅游"、内心世界丰富的"小镇旅行家"等新兴旅游消费模式的出现，都为景区创新项目、激活增量带来了机遇和挑战。

二、旅游景区类上市公司上半年业绩分析

2023年以来，旅游业历经三年防控限制之后，进入复苏振兴阶段。随着中央及地方多措并举促消费，以及各类支持旅游业发展的政策、规划有效落实，景区游客接待量成倍增加。旅游类企业积极抓住宏观经济稳中向好、激励奖励政策落地等多重利好因素，紧随游客消费需求，纷纷进入快速复苏、提质增效的新通道。以下根据各上市公司公开资料，整理了2023年上半年度景区类上市企业主要经营投资数据（见表2-1、图2-1），以分析总结2023年上半年全国旅游景区度假区投资发展全貌。

表2-1　2023年上半年17家景区类上市公司业绩一览表

序号	企业简称	营业收入			净利润		
		2023年上半年度（亿元）	2022年上半年度（亿元）	本报告期比上年同期增减	2023年上半年度（亿元）	2022年上半年度（亿元）	本报告期比上年同期增减
1	大连圣亚	1.82	0.48	281.63%	0.34	-0.79	143.44%
2	峨眉旅游	4.92	2.32	112.22%	1.24	-0.81	253.74%
3	桂林旅游	1.96	0.40	389.75%	0.02	-0.48	103.26%
4	华侨城	194.38	163.96	18.56%	-13.80	7.51	-283.67%
5	黄山旅游	8.37	2.14	291.09%	2.19	-1.80	221.73%
6	九华旅游	3.80	1.19	218.43%	1.11	-0.33	438.22%
7	丽江旅游	3.92	0.79	396.88%	1.36	-0.59	331.09%
8	曲江文旅	6.88	4.49	53.28%	0.10	-0.92	110.63%
9	三特索道	3.40	1.06	219.31%	0.58	-0.57	201.10%
10	宋城演艺	7.41	1.12	562.85%	3.02	-0.45	763.74%
11	天目湖	2.83	0.89	219.11%	0.73	-0.57	228.34%

续表

序号	企业简称	营业收入			净利润		
		2023年上半年度（亿元）	2022年上半年度（亿元）	本报告期比上年同期增减	2023年上半年度（亿元）	2022年上半年度（亿元）	本报告期比上年同期增减
12	西安旅游	2.80	2.36	18.61%	-0.55	-0.54	-2.05%
13	西藏旅游	0.91	0.43	112.41%	0.03	-0.27	111.06%
14	西域旅游	0.95	0.26	261.75%	0.31	-0.21	247.14%
15	云南旅游	2.43	3.12	-22.07%	-0.66	-0.52	-26.15%
16	张旅集团	1.79	0.27	573.55%	-0.41	-1.17	65.02%
17	长白山	1.68	0.28	507.78%	0.12	-0.72	117.09%

说明：上表中"本报告期比上年同期增减"比率的计算数据为财务报表中以"元"为单位精确到小数点后两位的数据。表格中营业收入及净利润统计值是以"亿元"为单位保留小数点后两位的数据，故以表格中数据直接计算得出的增减比率与表中列出的增减比率存在一定的误差。

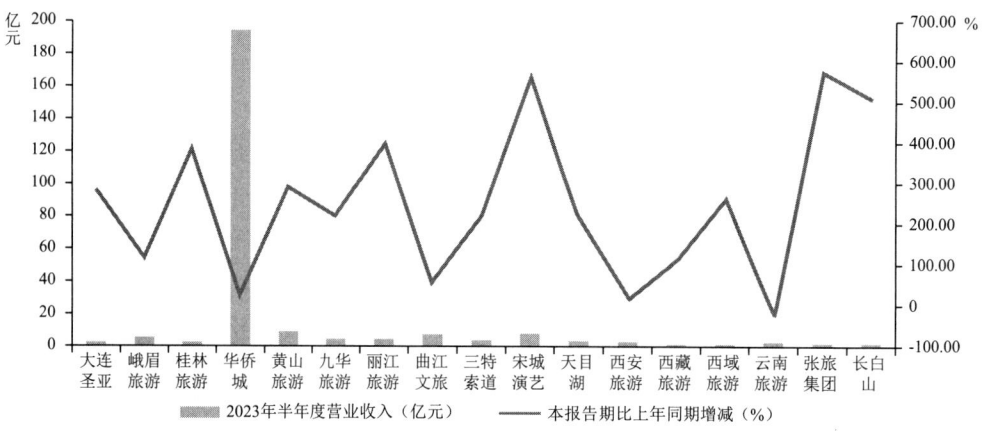

图 2-1 2023年上半年17家景区类上市公司营业收入分析图

（一）业绩同期比较

1. 从营业收入变化幅度来看

根据已经披露的上半年 A 股景区类上市公司业绩报告，2023 年上半年，17 家景区类上市公司营业收入有明显提升。其中，营收变化幅度最大的是张旅集团，2023年上半年度营业收入达到1.79亿元，相较于2022年上半年0.27亿元的营业收入，增加了1.52亿元，同期增加573.55%；其次，宋城演艺相比上年度同期增加562.85%，长白山相比上年度同期增加507.78%，这三家在景区类上市企业中，相较于上年同期，营业收入变化幅度最大。

相对而言，华侨城、西安旅游、云南旅游在景区类上市企业中，营业收入变化幅度最小。华侨城2023年上半年度实现营业收入194.38亿元，相较于2022年上半年度163.96亿元的营业收入，增加了30.42亿元，同期增加18.56%；其次，西安旅游相比上年度同期增加18.61%，而云南旅游相比上年度同期营业收入减少0.69亿元，同期减少22.07%。

2. 从净利润变化幅度来看

根据已经披露的上半年A股景区类上市公司业绩报告，2023年上半年，仅华侨城、西安旅游、云南旅游、张旅集团4家企业净利润为负数，其他13家企业净利润均为正数（见图2-2）。其中，盈利幅度最大的宋城演艺，2023年上半年度净利润盈利3.02亿元，而2022年上半年亏损0.45亿元，不仅实现了盈利，并且盈利幅度增加最大，同期净利润增加高达763.74%；其次，九华旅游2023年上半年度净利润盈利1.11亿元，相较于2022年上半年增长1.44亿元，同期净利润增加438.22%；天目湖2023年上半年度净利润盈利0.73亿元，相较于2022年上半年增长1.3亿元，同期净利润增加228.34%，这三家企业在景区类上市企业中，利润盈利幅度最大。

相对而言，桂林旅游、曲江文旅、西藏旅游在景区类上市企业中，利润盈利幅度较小。桂林旅游2023年上半年度盈利0.02亿元，相较于2022年上半年度-0.48亿元的净利润，仅增加了0.5亿元，同期增加103.26%；其次，曲江文旅2023年上半年度实现净利润0.10亿元，相较于2022年上半年度-0.92亿元的净利润，增加了1.02亿元，同期增加110.63%；西藏旅游2023年上半年度实现净利润 0.03 亿元，相较于 2022 年上半年度 -0.27 亿元的净利润，增加了 0.3 亿元，同期增加 111.06%。

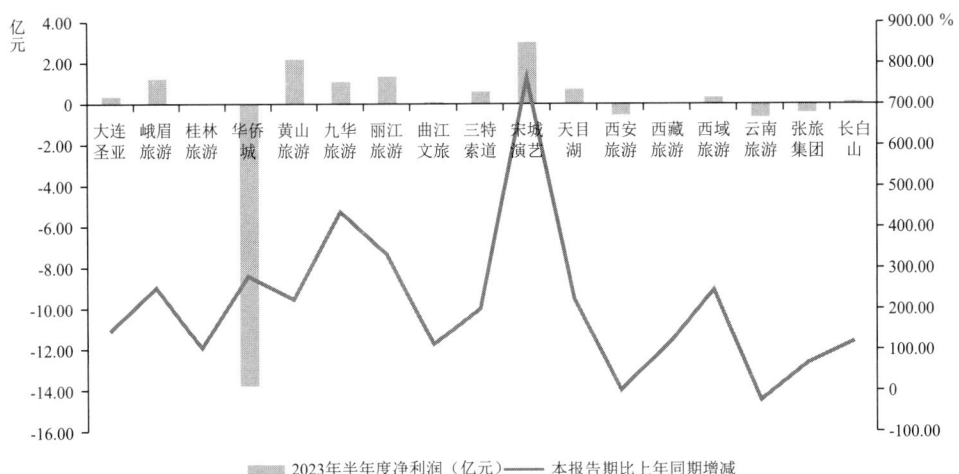

图 2-2　2023 年上半年 17 家景区类上市公司净利润分析图

（二）业绩变化分析

整体来看，相较于 2022 年上半年度，2023 年上半年度除云南旅游，其余 16 家景区类上市公司的营业收入都有所增加（见表 2-2），而净利润方面，除华侨城、西安旅游及云南旅游，其余 14 家均有不同程度的提升。其中，宋城演艺营业收入增加 6.29 亿元、净利润盈利 3.47 亿元，黄山旅游营业收入增加 6.23 亿元、净利润盈利 3.98 亿元，丽江旅游营业收入增加 3.13 亿元、净利润盈利 1.95 亿元，九华旅游营业收入增加 2.61 亿元、净利润盈利 1.44 亿元，峨眉旅游营业收入增加 2.60 亿元、净利润盈利 2.05 亿元，曲江文旅营业收入增加 2.39 亿元、净利润盈利 1.02 亿元，三特索道营业收入增加 2.33 亿元、净利润盈利 1.15 亿元，天目湖营业收入增加 1.94 亿元、净利润盈利 1.30 亿元，大连圣亚营业收入增加 1.34 亿元、净利润盈利 1.13 亿元，这九家企业利润盈利较高，净利润盈利全部超过 1 亿元。其中，黄山旅游 2023 年上半年度营业收入比 2022 年上半年度营业收入增加 6.23 亿元，但 2023 上半年度净利润比 2022 年上半年度净利润增加达 3.98 亿元，利润水平较高。

表 2-2　2023 年上半年度 17 家景区类上市公司业绩增减情况

企业简称	2023 上半年比 2022 上半年营业收入增减情况（亿元）	2023 上半年比 2022 上半年净利润增减情况（亿元）
大连圣亚	1.34	1.13
峨眉旅游	2.60	2.05
桂林旅游	1.56	0.50
华侨城	30.43	−21.31
黄山旅游	6.23	3.98
九华旅游	2.61	1.44
丽江旅游	3.13	1.95
曲江文旅	2.39	1.02
三特索道	2.33	1.15
宋城演艺	6.29	3.47
天目湖	1.94	1.30
西安旅游	0.44	−0.01
西藏旅游	0.48	0.30
西域旅游	0.69	0.52
云南旅游	−0.69	−0.14
张旅集团	1.53	0.76
长白山	1.40	0.84

在 17 家景区类上市公司中，营收最高的当数"华侨城"，整体而言，其发展比较稳定。财报显示，2023 年上半年，华侨城共接待游客 4400 万人次，较 2022 年同期增长 74%；公司主营业务收入 194 亿元，同比上升 19%；其中，旅游综合业务收入 105.49 亿元，同比降低 2.36%；房地产业务收入 58.09 亿元，同比增加 56.65%。公司经营效益对比 2022 年同期出现亏损的原因主要有三点，一是受部分项目区位布局和开发周期较长等因素限制，公司部分项目的去化速

度不及预期，毛利率同比有所下降；二是公司为适应市场环境，对部分房地产项目采用灵活的销售策略，导致部分价值折损；三是联营公司亏损影响投资收益、其他收益减少、财务费用增加等导致了亏损。

大连圣亚 2023 年上半年实现营业收入 1.82 亿元，同比上升 281.63%；净利润盈利 0.34 亿元，同比上升 143.44%。公司主营业务包括景区经营、商业运营、会展服务及动物经营。2023 年上半年，随着国家及地区的稳经济政策效应持续显现，公司也呈现出稳步向好的发展趋势。公司与小黄人 IP 展开授权合作，举办"神偷奶爸大视界"特展，成功实现游客引流。哈尔滨极地公园为"淘学企鹅"冰雪巡游造势，并推动冰雪研学业务发展。公司更从产品服务体制升级，推动异地项目落实推进，升级商业业态及消费场景，综合采用多样化营销模式全力开拓市场，同时关注创新及新技术应用，报告期内，公司业绩大幅增长，营收创历史同期新高。

峨眉旅游 2023 年上半年实现营业收入 4.92 亿元，同比增加 112.22%；净利润盈利 1.24 亿元，同比上升 253.74%。其中，旅游业务营收 3.41 亿元，盈利 1.8 亿元；酒店业务营收 0.83 亿元，盈利 50 万元；茶叶业务营收 0.73 亿元，盈利 188 万元；演艺业务营收 583 万元，亏损 0.3 亿元；其他业务营收 0.3 亿元，亏损 732 万元。报告期内，子公司北京雪芽因资不抵债，正在注销中。

桂林旅游 2023 年上半年度实现营收 1.96 亿元，相较于 2022 年上半年的 0.40 亿元，增长 389.75%，相较于 2022 年同期净利润亏损 0.48 亿元，扭亏为盈，增长 103.26%。根据财报显示，桂林旅游 2023 年上半年共接待游客 252.38 万人次，同比增长 257%，其中包括两江四湖景区、银子岩、贺州温泉、龙胜温泉、丰鱼岩、资江天门景区在内的公司景区共接待游客 155.81 万人次，同比增长 651%；公司漓江游船客运业务共接待游客 22.22 万人次，同比增长 2824%；漓江大瀑布饭店共接待游客 8.85 万人次，同比增长 494%；旅游汽车公司共接待游客13.51万人次,同比增长192%。除此之外,公司投资收益同比增加2241万元,综合各项因素,报告期内,公司归属上市公司股东的净利润扭亏为盈,整体呈现良好的复苏态势。

黄山旅游2023年上半年实现营收8.37亿元,较上年同期增长291.09%,净利润盈利2.19亿元,较上年同期亏损的1.81亿元,扭亏为盈,净利润增长221.73%。根据财报显示,2023年公司积极抓住国内经济与旅游市场复苏的机遇,牢牢把握"二次创业"总体目标要求,有序开展各项工作。报告期内,黄山景区累计接待进山游客209.16万人,较2022年同期33.36万人增加175.80万人,增幅527.00%;索道及缆车累计运送游客416.56万人次,较2022年同期66.56万人次增加350.01万人次,增幅525.88%;实现营业收入83 733.36万元,较2022年同期增加62 322.93万元,增幅291.09%;实现归属于上市公司股东的净利润19 979.37万元,较2022年同期增加37 114.96万元,实现扭亏为盈,主要系本期进山人数同比上升527.00%,营业收入和利润增加所致。

九华旅游2023年上半年实现营业收入3.80亿元,同比上升218.43%;净利润盈利1.11亿元,同比上升438.22%。公司位于九华山风景名胜区核心景区,具备"食、住、行、游、购、娱"全旅游产业链条。2023年旅游业营商环境向好,公司以酒店、索道、客运、旅行社等为主营业务的经营活动快速恢复。公司作为长三角地区周围重要的旅游企业,在旅游业加速恢复的阶段,借助区域旅游综合体的优势,较上年同期实现扭亏为盈。

丽江旅游2023年上半年实现营业收入3.92亿元,同比上升396.88%;净利润盈利1.36亿元,同比上升331.09%。其中,2023年上半年度,公司三条索道共计接待游客300.66万人次,同比上升484.37%。印象丽江共计演出347场,接待游客总量为79.9万人次,同比上升3603.8%,实现营业收入7660.08万元,同比上升3878.02%,实现净利润3356.7万元,同比上升481.08%。包含洲际酒店、英迪格酒店、古城丽江酒店、5596商业街及丽世山居在内的丽江和府酒店有限公司实现营收6411.82万元，同比上升209.44%，实现净利润98.82万元，净利润较上年同期增加2402.16万元。包含迪庆英迪格酒店，奔子栏丽世酒店、香格里拉丽世酒店在内的迪庆香巴拉旅游投资有限公司实现营业收入1390.81万元，同比增长139.4%，亏损1449.72万元，同比减亏222.62万元。

曲江文旅2023年上半年实现营业收入6.88亿元，同比增加53.28%；净利润盈利0.10亿元，同比增加110.63%。报告期内，随着文旅市场快速升温，供给端及需求端都显现出诸多变化，不断出现新的热点和潮流。公司紧抓文化和旅游深度融合发展的战略机遇期，不断提升自身发展内生动力，通过景区资源整合，创新合作模式，立足品牌优势，助推公司主营业务高质量复苏。其中，景区运营管理业务约占营业收入的64.98%，酒店餐饮业务占营业收入的20.79%，旅游商品销售业务占营业收入的0.54%，旅游服务（旅行社）业务占营业收入的3.13%，园林绿化业务占营业收入的0.88%，体育项目业务占营业收入的9.68%。旗下主要子公司大雁塔景区管理公司净利润盈利469.03万元；无锡汇跑净利润盈利496.19万元；城墙景区公司净利润盈利236.04万元；酒店管理公司净利润盈利126.49万元；曲江智造公司净利润亏损202.42万元；山河景区运营公司净利润亏损27.61万元；雁荡山公司净利润亏损557.13万元。

三特索道2023年上半年实现营业收入3.40亿元，同比增加219.31%；净利润盈利0.58亿元，同比增加201.10%，较2022年转亏为盈。公司财报显示，报告期内公司扣除非经营性损益后的净利润系公司近十年来半年度最佳。公司受国家对旅游消费的政策扶持，国内旅游市场环境的全面改善以及旅游需求的集中释放的有利影响，使得公司各景区经营项目迅速恢复，游客人数及消费数据同比均大幅上升，又因公司成本较固定，则净利润增长幅度更加明显。在财务支出方面，因公司把握市场趋势，重视对重点项目的营销，不断拓展营销渠道，在营业收入节节攀升的同时，销售费用及税金支出也有增加。就公司主要经营情况来看，报告期内，除华山宾馆、湖北南漳项目、崇阳项目以及克旗旅业公司净利润亏损，其余子公司及项目都实现了盈利。

宋城演艺 2023 年上半年度净利润为 3.02 亿元，相较于 2022 年 -0.45 亿元的净利润，增加了 763.74%。公司财报显示，受益于社会经济的全面恢复常态化运行，居民的旅游消费需求集中释放，公司经营项目阶段性恢复比率明显提升。丽江千古情景区大幅超出 2019 年同期水平，游客观演热情高涨，公司不断推出精品演艺作品，并且立足于景区特色，开展多项营销活动，经营动力十足，营收效果显著。

天目湖 2023 年上半年实现营业收入 2.83 亿元，同比增加 219.11%；净利润盈利 0.73 亿元，同比增加 228.34%。2023 年上半年，公司紧抓机遇，在国资政策助力下，通过精准市场营销，提升旅游服务质量，促使包括景区与主题乐园、酒店、综合商业、旅行社及其他综合业务获得流量加码和品质加持的效果。公司财报显示，2023 年上半年公司经营状况良好，灵活应对市场变化，公司整体业务收入超过 2022 年同期水平，经营业绩明显。

西安旅游 2023 年上半年实现营业收入 2.80 亿元，同比上升 18.61%；净利润亏损 0.55 亿元，同比下降 2.05%。其中，旅行社业务营收同比上升 272.49%，酒店业营业收入同比上升 300.10%，而商贸业营业收入则同比下降 63.62%。公司营业收入实现增长是旅游业恢复发展的表现，以西安西旅万澳酒店管理有限责任公司、陕西阳光天地酒店有限公司为代表的酒店板块和以西安海外旅游有限责任公司为代表的旅行社板块营业收入均有较大幅度增长。

西藏旅游 2023 年上半年度营业收入 0.91 亿元，同比上升 112.41%；净利润盈利 0.03 亿元，同比上升幅度为 111.06%。相较于 2022 年，公司扭亏为盈，主要受益于：西藏自治区各级政府部门推行的促消费政策以及区内外旅游资源的推介，激发了全区旅游市场的活力；抓住旅游市场复苏机遇，进一步发挥区外合作商联盟机制，创设多个特色主题产品，并借助多媒体宣传平台，推动主营业务全面提升；关注游客差异化需求，加速产品培育，依托数智化综合运营平台，升级服务水平，共同为公司带来可观的游客接待量，公司营业收入增长显著。

西域旅游2023年上半年度净利润为0.31亿元，相较于2022年-0.21亿元的净利润，增加247.14%。西域旅游主营业务为道路旅客运输、索道业务、游船观光、温泉及酒店、旅行社。公司财报显示，2023年上半年，旅游市场快速回暖促使公司游客接待量同比增加284%，公司营业收入较2022年同期上升261.75%。公司财报显示，得益于景区接待游客数的增加，其配套主营业务均得到较好的收益，公司整体经营情况较好。

云南旅游2023年度上半年营业收入2.43亿元，同比下降22.07%；2023年上半年度净利润亏损0.66亿元，同比下降26.15%。其中，旅游文化科技板营业收入为降收项目，同比下降48.39%，文旅综合体运营板块营业收入同比增加35.44%，旅游综合服务板块营业收入同比增加24.69%。公司营收及净利润均不及2022年上半年同期的原因主要有以下几方面：一方面是虽然传统旅游业务复苏势头良好，但投资恢复与消费恢复相差较远，导致与固定资产投资密切相关的项目发展受限，经营业绩不及预期；另一方面受地产投资拖累影响，服务业投资表现低迷，拉长了旅游文化科技板块新项目落地及存量项目推进实施周期，导致营业收入减少。

张旅集团2023年上半年度营收1.79亿元，较2022年同期增长573.55%，净亏损0.41亿元，相较于2022年亏损的1.17亿元净利润，亏损减少65.02%。张旅集团主营业务为旅游景区经营、旅游客运、旅行社经营、旅游客运索道经营以及包括酒店、房屋租赁等其他业务。受国内大环境利好因素的影响，张旅集团2023年上半年整体营业收入较上年同期大幅增长。公司财报数据显示，旅行社服务业营业收入同比增长991.06%、旅游客运行业营业收入同比增长681.03%、旅游服务业营业收入同比增长600.22%、酒店服务业营业收入同比增长119.06%、租赁服务业营业收入同比减少3.28%。主要子公司环保客运营业收入同比增长681.04%、宝峰湖营业收入同比增长349.93%、十里画廊观光电车营业收入同比增长674.32%、杨家界索道营业收入同比增长918.03%、大庸古城营业收入同比增长52.35%、张家界国际大酒店营业收入同比增长99.42%、张家界中旅营业收入同比增长991.06%。

长白山2023年上半年实现营业收入1.68亿元，同比增长507.78%；净利润盈利0.12亿元，同比增长117.09%。其中，天池酒店业务营收4909.36万元，同比上年增长200%；长白山蓝景温泉业务营收102.52万元，同比上年增长70.36%，净利润亏损85.41万元，同比上年减亏9.87%；长白山天池国际旅行社业务营收19.54万元，同比上年减少39.82%，净利润盈利5.59万元，同比上年增长104.79%；天池企业管理咨询业务营收36.62万元，同比上年增长5207.25%，净利润亏损97万元，同比上年减亏38.73%；2022年4月成立的长白山保护开发区易游旅游服务公司营收392.94万元，净利润盈利131.33万元，较上年同期减亏185.39%。2023年冰雪经济进入快速增长时期，拥有世界顶级粉雪资源的长白山作为公司核心旅游资源，借势获得较大的市场空间，景区接待游客数量大幅增加，公司营业收入及利润也随之增加。

（三）抢抓机遇：业态培育、提质增效、开拓市场

随着国内经济回暖，接触性消费政策放开，民众出游热情空前高涨，景区类上市公司作为旅游行业排头兵，立足自身优势条件，积极抓住行业复苏机遇，多管齐下，在加速项目经营的同时不断提升市场竞争力，以谋划未来长足发展。"华侨城"公司实施专业化改革，继续通过不断的项目创新和产品培育提升综合服务质量，公司上半年结合重要时间节点，在欢乐谷打造"春风游园季""超级儿童节""超级电音节"等主题活动，并关注细分市场，持续开发亲子游、研学游、毕业游等类型产品。除此之外，公司继续深耕IP合作发展模式，与"迷你世界""极速世界""B.Duck"等IP合作，通过游玩场景打造、特技表演展示、仪式活动引入等方式增强旅游产品的吸引力。

宋城演艺抢抓旅游市场强劲复苏势头，分类采取有效的运营策略，在保持"明星"产品优势的基础上倾听市场声音，进行改版升级。引入"科技+"项目，打造裸眼3D《幻境空间》奇特景区体验。结合市场多样化的需求，公司吸纳穿越、国风汉服、国风旗袍、老上海风情、盛世长安、旋鼓舞、簪花仕女图等历史文化元素，运用多元营销方式，打造多个网红打卡地。

西藏旅游积极响应政府号召，于2023年与区内核心景区挂牌成立西藏自治区旅游景区协会，以期未来在推动区域旅游业高质量发展方面实现互惠共享。公司结合"万人游西藏"等市场推介活动创设多个重点地区的专属主题产品，并紧跟营销热点，开展具有话题度的引流活动。在核心产品建设方面，重视游客体验，改革服务内容及产品，积极拓展高山徒步、康养度假、亲子游学、IP互动等休闲游玩场景，为高效持续发展提前谋划布局。

天目湖掌握流量密码，通过线上线下互动营销，快速拓客，综合运用OTA、抖音、小红书、淘宝等自媒体平台，取长补短，借助社群优势，为线下运营产品导流。线下则关注市场热点，推出南山竹海溯溪游，天目湖夜游餐秀等热门产品，并根据季节特点，推出花海、夜泡等项目，从沐汤飘雪到萤火虫市集，从国风侠情到行进式演艺等，给游客带来了升级的休闲游玩体验。

曲江文旅紧抓各项经营工作，深化改革创新，不断赋能文旅项目创新。公司运营管理的大唐芙蓉园、大唐不夜城以及演艺项目皮卡晨、盛唐密盒、曲江花月宴等荣获2023"陕西年度十大IP奖项"。继续推行"走出去"战略，加速落实与温州雁荡山、乐清北大街、大同古城等文旅项目，并与烟台、北京、河南等地做好对接优势互补工作，目前公司重点跟进项目已覆盖17个省、22个市共计26项文旅项目。在演艺方面，不断优化升级，在大唐芙蓉园创新打造13组壁画复原《芙蓉画中游》等主题演艺并成为常态化节目，汉服秀"曲江花月宴"更是荣获"陕西年度十大IP——融合创新奖"。以盛唐密盒演艺IP为成功案例，结合当下线上营销手段推广皮卡晨、东仓鼓乐、李白拜拜等6组网红，不断推广公司文化旅游产品，增加曝光量。围绕传统节日，结合社会热点，打造集"华服走秀＋花车巡游＋万人踏春＋线上变装挑战赛"的长安上巳节活动，端午节结合赛龙舟、吃粽子、采草药等传统文化风俗，开展123场文化活动，还有集市、文创产品、文旅金融产品等内容，为公司经营项目赋能，借势联动，动力十足。

整体来看，2023年以来旅游市场进入全面复苏阶段，国家及地方各类促销政策的推行、民众出游需求的集中释放、景区可达性的持续提升，都为旅游企业的恢复"重生"创造机遇。景区作为旅游活动重要的区域场所及旅游产业链中的中心环节，紧随行业及市场需求，灵活转变营销模式，创新产品培育，升级服务水平，持续发挥着辐射带动作用。在2023年9月国务院办公厅印发的《关于释放旅游消费潜力推动旅游业高质量发展的若干措施》（国办发〔2023〕36号）中，关于激发旅游消费需求的内容中着重提到了景区的相关建设内容。旅游景区度假区作为现代旅游业的基础支撑，其建设将是现代旅游业的永恒主题。

三、旅游景区度假区投资展望

在整体经济环境运行进入正轨后，大众消费需求也逐步回升，出游热情更是在一段时间内呈现"报复性"增长趋势，尤其是像桂林、峨眉山、三特索道覆盖的景区这一类长线景区营收显著增长。根据文化和旅游部公布的前三季度国内旅游数据情况，城镇居民国内旅游人次28.46亿，同比增长78.0%；农村居民国内旅游人次8.28亿，同比增长67.6%，城镇居民与农村居民国内旅游人次同比增速差距在缩小，旅游消费市场逐渐下沉，消费群体出现分层。多样化的消费需求助推景区改革创新，历史文化景区、主题公园、自然风景区、综合服务度假区各显神通，争取在旅游消费市场复苏的机遇与挑战中锻造自身独特的竞争优势。

一是提升"内力"，产品升级。旅游业经过三年的打磨积淀，面临的是更加多变、多元、多样的消费市场，供给侧的投资要更加注重自身的独特优势，围绕核心资源升级提升产品力，在保持好现有成熟产品营收形势的同时，要有"居安思危"意识，多关注产品及项目的创新研发，把握好景区的杠杆效应，通过文化挖掘、活动引流、IP塑造、文创传播等产品创新融合，形成品牌影响力。

二是双向互动，塑造场景。旅游市场的消费主力军已逐渐向年轻化转移，他们更愿意在独特风光中获得新奇的体验，愿意在热闹的活动中放松狂欢，愿意在浓厚的地方氛围中感受生活气息，愿意穿着特色服饰在网红地打卡留念。自然、文化、表演、活动、休闲、商娱等不同的业态的培育是景区与消费者加强互动、提升满意度的重要抓手，"玩法"多样的消费场景打造将是盈利新蓝海的活力来源。

三是运用科技，营造生态。数字化科技已逐渐成为各行各业转型升级的重要手段，旅游景区的数字化提升也能为景区管理运营和游客体验带来进步。科学运用数字科技，以景区自然文化资源为核心，考虑将VR、AR、3D渲染、虚拟人物、全息成像等技术应用到文博、文创、演艺、景区等前端业态中；同时将数字化、大数据、云服务、物联网等技术运用到后端景区管理服务中；再通过数据趋势分析、数字身份体系建立、精准营销等方式做好中端供需链接工作，以营造高质量发展景区生态。

第三章
旅游景区度假区相关政策分析与研究

一、旅游景区度假区相关政策汇总

本章依托中国政府官方网站、文化和旅游部官方网站，以"景区""度假区"为关键词，对截止到 2023 年 10 月 21 日公布的通知、公告、意见、公报等公文进行检索，经过关联度分析，共统计了 30 个景区、度假区相关政策。具体如表 3-1 所示。

表 3-1 截至 2023 年 10 月国家层面关于旅游景区、度假区相关政策汇总表

序号	发布时间	发布部门	政策名称	政策类型
1	2023.01	文化和旅游部	《关于落实新型冠状病毒感染"乙类乙管"做好文化和旅游行业疫情防控工作的通知》	通知
2	2023.01	文化和旅游部、教育部、自然资源部、农业农村部、国家乡村振兴局	《关于开展文化产业赋能乡村振兴实现的通知》	通知
3	2023.01	文化和旅游部	《关于确定 15 家旅游度假区为国家级旅游度假区的公告》	公告
4	2023.02	文化和旅游部	《关于推动非物质文化遗产与旅游深度融合发展的通知》	通知
5	2023.03	文化和旅游部	《关于优化涉外营业性演出管理政策的通知》	通知

续表

序号	发布时间	发布部门	政策名称	政策类型
6	2023.03	文化和旅游部、国家发展改革委	《东北地区旅游业发展规划》	通知
7	2023.03	交通运输部、文化和旅游部	《关于加快推进城乡道路客运与旅游融合发展有关工作的通知》	通知
8	2023.03	文化和旅游部	《关于推动在线旅游市场高质量发展的意见》	意见
9	2023.04	工业和信息化部、文化和旅游部	《关于加强5G+智慧旅游协同创新发展的通知》	通知
10	2023.04	文化和旅游部	《国家级文化产业示范园区（基地）管理办法》	通知
11	2023.04	文化和旅游部	《关于进一步规范旅游市场秩序的通知》	通知
12	2023.04	国家消防救援局、文化和旅游部	《剧本娱乐经营场所消防安全指南（试行）》	通知
13	2023.04	文化和旅游部	《关于进一步加强演出市场管理规范演出市场秩序的通知》	通知
14	2023.04	文化和旅游部、交通运输部、国家铁路局、中国民用航空局、国家邮政局、国铁集团	《关于开展交通运输与旅游融合发展典型案例推荐遴选工作的通知》	通知
15	2023.05	文化和旅游部	《关于发布行政许可事项实施规范的公告》	公告
16	2023.05	文化和旅游部、农业农村部	《乡村文化和旅游带头人支持项目实施方案（2023—2025年）》	通知
17	2023.05	文化和旅游部	《关于确定3家旅游度假区为国家级旅游度假区的公告》	公告
18	2023.05	国家文物局、文化和旅游部、国家发展改革委	《关于开展中国文物主题游径建设工作的通知》	通知
19	2023.06	文化和旅游部	《关于开展文化和旅游市场信用经济发展试点工作（2023—2024年）的通知》	通知

续表

序号	发布时间	发布部门	政策名称	政策类型
20	2023.06	文化和旅游部	《关于进一步加强旅游厕所建设管理的通知》	通知
21	2023.06	文化和旅游部、中国银行	《关于金融支持乡村旅游高质量发展的通知》	通知
22	2023.07	文化和旅游部	《关于进一步提升暑期旅游景区开放管理水平的通知》	通知
23	2023.07	文化和旅游部	《关于实施文化和旅游市场"信用+"工程的意见》	意见
24	2023.06	文化和旅游部	《非物质文化遗产数字化保护 数字资源采集和著录》	公告
25	2023.08	文化和旅游部、公安部	《关于加强电竞酒店管理中未成年人保护工作的通知》	通知
26	2023.08	文化和旅游部	《关于公布第一批全国智慧旅游沉浸式体验新空间培育试点名单的通知》	通知
27	2023.08	文化和旅游部、教育部、共青团中央、全国妇联、中国关工委	《用好红色资源 培育时代新人 红色旅游助推铸魂育人行动计划（2023—2025年）》	通知
28	2023.09	工业和信息化部、教育部、文化和旅游部、国务院、广电总局	《元宇宙产业创新发展三年行动计划（2023—2025年）》	通知
29	2023.09	国务院	《关于释放旅游消费潜力 推动旅游业高质量发展的若干措施》	通知
30	2023.10	文化和旅游部、国家发展改革、工业和信息化部	《关于组织开展智慧旅游沉浸式体验新空间培育试点项目推荐遴选工作的通知》	通知

二、重点景区度假区相关政策文件解读

1. 文化和旅游部《关于落实新型冠状病毒感染"乙类乙管"做好文化和旅游行业疫情防控工作的通知》

2023年年初，国内疫情防控工作进入新阶段，为贯彻落实党中央、国务院决策部署，按照国务院联防联控机制综合组《关于对新型冠状病毒感染实施"乙类乙管"的总体方案》和《新型冠状病毒感染防控方案（第十版）》要求，文化和旅游部制定《关于落实新型冠状病毒感染"乙类乙管"做好文化和旅游行业疫情防控工作的通知》（以下简称《通知》）。

《通知》要求准确把握"乙类乙管"总体方案精神，认真落实"乙类乙管"总体方案要求，扎实做好宣传引导和人员健康管理，切实加强组织领导，做好文化和旅游行业疫情防控有关工作。自通知印发之日起，文化和旅游行业8项疫情防控工作指南同时废止。自2020年疫情发生以来的三年里，限制社会人员大面积流动，特别是疫情传播扩散时，各地直接封闭景区及旅游接待设施，旅游项目及接待设施经营难以正常开展，亏损严重。在疫情防控常态化背景下，各大景区、度假区要在落实好安全生产和疫情防控要求的前提下，有序正常开放，科学精准落实新冠"乙类乙管"各项防控措施，不放松、不加码，在充分保证群众正常出行需求的前提下，最大限度降低疫情传播风险。

2. 文化和旅游部《关于推动非物质文化遗产与旅游深度融合发展的通知》

为深入贯彻落实党的二十大精神和习近平总书记关于非物质文化遗产保护工作的重要指示精神，落实中共中央办公厅、国务院办公厅印发的《关于进一步加强非物质文化遗产保护工作的意见》以及《"十四五"旅游业发展规划》《"十四五"非物质文化遗产保护规划》要求，文化和旅游部制定《关于推动非物质文化遗产与旅游深度融合发展的通知》（以下简称《通知》）。

《通知》要求牢牢把握非物质文化遗产保护传承和旅游发展的规律特点，在有效保护的前提下，推动非物质文化遗产与旅游在更大范围、更深层次、更高水平上融合；支持将非物质文化遗产与乡村旅游、红色旅游、冰雪旅游、康养旅游、体育旅游等结合。鼓励将非物质文化遗产或相关元素融入国家文化产业和旅游产业融合发展示范区、夜间文化和旅游消费集聚区、主题公园、旅游饭店等。鼓励将旅游民宿与非物质文化遗产资源有效对接。鼓励旅游演艺创作从非物质文化遗产中汲取灵感和素材；"十四五"期间，文化和旅游部将遴选特色鲜明、服务成效显著、群众广泛认可的非物质文化遗产设施场所和提供非物质文化遗产体验、研学等服务的旅游相关场所，设立一批国家级非物质文化遗产体验基地。

在文旅融合政策的推动下，"以文促旅，以旅彰文"已经成为重要的指导思想和发展路径，非遗与旅游融合发展渐成趋势，围绕非遗旅游、非遗研学、非遗民宿、非遗演艺、非遗文创等产品形态不断涌现。进入发展新阶段，各大景区、度假区要立足自身资源特色，坚持创造性转化、创新性发展，找准非遗与旅游融合发展的契合处，打造体验性、互动性强的非遗与旅游融合业态产品，积极争创高品质非物质文化遗产体验基地。

3. 工业和信息化部、文化和旅游部《关于加强5G+智慧旅游协同创新发展的通知》

为深入贯彻落实《中华人民共和国国民经济和社会发展第十四个五年规划和2035年远景目标纲要》《"十四五"信息通信行业发展规划》《"十四五"旅游业发展规划》《5G应用"扬帆"行动计划（2021—2023年）》《关于深化"互联网+旅游"推动旅游业高质量发展的意见》，推动5G在旅游业的创新应用，工业和信息化部、文化和旅游部联合发布了《关于加强5G+智慧旅游协同创新发展的通知》（以下简称《通知》）。

《通知》围绕"5G+"智慧旅游基础设施建设、融合创新应用和产业生态构建三大领域提出总体发展目标和九大工作任务。其中提出，到2025年，"5G+"智慧旅游应用场景逐步丰富。建立起"5G+"智慧旅游典型应用场景体系。打造一批"5G+5A"级智慧旅游标杆景区和"5G+"智慧旅游样板村镇，培育一批5G+智慧旅游创新企业和创新项目。智慧旅游产业生态环境初步形成。培育一批5G+智慧旅游解决方案供应商，落地30个"5G+"智慧旅游应用解决方案。

《通知》明确，创新"5G+"智慧旅游服务新体验。推广云旅游、云直播等线上服务模式，增强游客体验，提升游客感知。推动5G与物联网、虚拟现实、增强现实、数字孪生、机器人等技术和产品的有效融合，引导"5G+4K/8K"超高清视频、5G智慧导览、"5G+VR/AR"沉浸式旅游等应用场景规模发展，满足游客在旅游全过程智慧体验。

在数字经济迅猛发展的背景下，文旅产业发展方式和产业生态深刻变革，需要进一步以科技创新为动力，以新技术、新手段、新模式推动文旅产业创新性发展，更好满足人们的多样化需求。以5G、人工智能、虚拟现实为代表的数字技术赋能旅游转型升级，各大景区、度假区要积极利用文旅融合、虚实结合等方式，实现数字技术与文旅空间的有机融合，有力推动厚重的文旅资源"活起来"，让游客深度介入并参与互动体验，打造数字文旅新产品、新业态、新场景。

4.文化和旅游部《关于进一步规范旅游市场秩序的通知》

2023年以来，旅游市场整体运行平稳有序，逐步呈现复苏发展的良好势头。但"不合理低价游"、导游辱骂游客、强迫购物等现象有所抬头，严重干扰正常市场秩序，严重影响旅游业整体形象。为规范旅游市场秩序，促进旅行社高质量发展，文化和旅游部办公厅制定了《关于进一步规范旅游市场秩序的通知》（以下简称《通知》），以期加强市场秩序综合治理，保障游客合法权益，有效增强市场预期。

《通知》要求各地对"不合理低价游"等市场乱象保持露头就打的高压态势，开展旅游市场秩序整治，重点打击"不合理低价游"，导游强迫或变相强迫购物、兜售物品，未经许可经营旅行社业务等行为。要查处一批严重扰乱市场秩序的违法违规行为，发布一批整治旅游市场秩序的典型案例，曝光一批影响行业形象的旅游企业和从业人员。文化和旅游部将对重点案件挂账督办，对市场秩序治理不力的地区开展现场督查督办。

在旅游市场恢复发展的关键时期，各大旅游景区、度假区要严格遵守《中华人民共和国价格法》《中华人民共和国食品安全法》《中华人民共和国旅游法》《中华人民共和国安全生产法》等法律法规，遵循公平、合法和诚实信用原则，认真履行市场主体义务、落实安全生产主体责任，杜绝低价倾销、诋毁同业等不正当竞争行为，维护良好旅游市场秩序。

5. 国家文物局、文化和旅游部等《关于开展中国文物主题游径建设工作的通知》

为贯彻落实党的二十大精神，深入贯彻习近平总书记关于文物工作重要论述精神和新时代文物工作方针，根据中共中央办公厅、国务院办公厅《关于加强文物保护利用改革的若干意见》《关于让文物活起来扩大中华文化国际影响力的意见》和"十四五"有关规划部署，国家文物局、文化和旅游部、国家发展改革委共同制定了《关于开展中国文物主题游径建设工作的通知》（以下简称《通知》）。

《通知》就开展中国文物主题游径建设工作进行部署，明确"十四五"时期将试点建设 3 至 5 条中国文物主题游径。游径建成后，向社会发布中国文物游径名录、编绘中国文物游径地图；鼓励相关区域省级文物部门主动谋划游径主题，鼓励文物资源丰富的省份建设省域文物主题游径；组织开展县域文物主题游径建设工作。

以博物馆、纪念馆、图书馆、美术馆、剧场、文化馆、非遗馆、古村古镇等文化资源点为代表的景区是文物主题游径的主要资源载体；这类文化场馆景区要合理释放文物资源，以旅游为途径，做好文物价值阐释展示，创新发展乡村遗产酒店、特色民宿、夜间经济、老字号传统技艺体验等新型业态，充分运用大数据、云计算、人工智能等技术提供可视化互动展示、沉浸式体验，以内容生动、形式活泼的呈现方式，增强文物旅游的知识性、故事性、趣味性和启发性，塑造地域文化品牌，打造本土文化标识。

6. 文化和旅游部《关于进一步加强旅游厕所建设管理的通知》

为深入贯彻习近平总书记关于厕所革命的重要指示精神，全面落实国务院印发的《"十四五"旅游业发展规划》要求，推动贯彻实施《旅游厕所质量要求与评定》（GB/T 18973—2022）国家标准，巩固和深化旅游厕所革命成果，不断提升旅游厕所管理和服务水平，基本实现"干净无味、安全方便、节能环保、环境友好"建设目标，带动旅游公共服务高质量发展，文化和旅游部制定了《关于进一步加强旅游厕所建设管理的通知》（以下简称《通知》）。

《通知》提出，要严格按照国家标准规划厕所布局、厕所类别、厕位数量等。合理利用地方文化和旅游资源特色，充分体现旅游厕所设计感、美观性和文化内涵。科学配置男女厕位比例，加强景区出入口及热门景点、观景平台等瞬时人流集中区域厕位配置，推动更好解决旅游高峰期厕位不足、男女厕位比例不均衡等问题。大力加强无障碍厕位和家庭卫生间建设，3A及以上等级旅游景区以及国家级、省级旅游度假区实现家庭卫生间全覆盖。加强微水冲等技术运用，结合地方实际推动解决"高寒、高海拔、缺水、缺电"地区旅游厕所建设难题。持续推进旅游厕所电子地图标注工作，切实解决游客"找厕难"问题，各省（区、市）旅游厕所电子地图标注率应达到95%以上。

实施多年来的旅游厕所革命，在完善旅游公共服务系统、提高旅游产品质量和旅游服务水平、促进旅游业高质量发展等方面发挥了积极作用。各大旅游景区、度假区要把旅游厕所看作展示旅游服务的重要窗口，加强潮汐厕位、男女通用厕间、男女可互换厕位、智慧厕所等设施建设，提高旅游厕所服务体验，其中，4A、5A级旅游景区、国家级旅游度假区旅游厕所达标率要在90%以上，其他旅游厕所达标率要在70%以上。

7. 文化和旅游部、中国银行《关于金融支持乡村旅游高质量发展的通知》

为深入贯彻落实党的二十大关于全面推进乡村振兴的决策部署，贯彻落实近年中央一号文件精神，促进乡村旅游高质量发展，助力全面推进乡村振兴，文化和旅游部与中国银行共同研究，提出金融支持乡村旅游高质量发展的相关措施，制定了《关于金融支持乡村旅游高质量发展的通知》（以下简称《通知》）。

《通知》提出，支持乡村旅游高质量发展，聚焦重点县域，特别是全国乡村旅游重点村镇和省级乡村旅游重点村镇，围绕乡村旅游数字提升、艺术提升、餐饮提升等重点工作，建立管理规范、运行有效的乡村旅游项目库。入库项目重点支持盈利模式成熟的休闲观光、康养度假、农文旅融合、文化展示体验、乡土研学等。针对项目库内的经营主体在贷款定价、融资期限、服务收费等方面按规定给予优惠和倾斜。未来三年针对县域内文化和旅游、餐饮住宿类客户新发放贷款不低于100亿元。

乡村旅游是实现乡村振兴的重要途径，也是国家旅游业的重要组成部分。乡村地区的旅游景区、度假区要积极抓住国家金融优惠政策，充分利用国家资金在景区项目内容和活动上升级迭代，促进景区高质量发展。

8.文化和旅游部、教育部、共青团中央、全国妇联、中国关工委《用好红色资源 培育时代新人 红色旅游助推铸魂育人行动计划（2023—2025年）》

为深入贯彻落实党的二十大精神，发挥红色资源优势，加强青少年教育引导，文化和旅游部、教育部等五部门联合制定了《用好红色资源 培育时代新人 红色旅游助推铸魂育人行动计划（2023—2025年）》（以下简称《行动计划》）。

《行动计划》以"坚持铸魂育人""坚持统筹联动""坚持守正创新"为工作原则，提出4个方面共10项主要任务。其中，在"实施红色文化课程建设"方面，要开展红色研学精品课程建设，推动红色文化与日常教学有机融合；在"开展系列宣讲活动"方面，要组织专业宣讲员讲述红色故事，组织青少年讲述红色故事，邀请先进典型代表讲述红色故事；在"举办红色旅游品牌活动"方面，要举办全国红色故事讲解员大赛，举办全国大学生红色旅游创意策划大赛；在"提升红色教育服务水平"方面，要优化红色旅游产品供给，提升红色旅游服务水平，完善红色研学实践教学机制。

在红色旅游蓬勃发展的背景下，各大红色旅游景区、度假区一方面要在坚持红色本底的前提下，杜绝红色旅游过度商业化和娱乐化，推动文旅互动、业态融合，以生动多样的旅游形式为载体，积极推动红色旅游高质量发展。另一方面，推动红色旅游数字化、智能化、体验化发展，利用影视、实景演出、角色扮演、互动游戏、文创体验等方式增强游客参与度，深化体验感。同时，要培育、延长红色旅游产业链，开发出具有实用性、地域性、创新性、纪念性、仪式性的红色文创产品，促进红色旅游二次消费。

9.工业和信息化部、教育部、文化和旅游部、国务院、广电总局《元宇宙产业创新发展三年行动计划（2023—2025年）》

当前，全球元宇宙产业加速演进，为抢抓机遇引导元宇宙产业健康安全高质量发展，有力支撑制造强国、网络强国和文化强国建设，工业和信息化部、教育部、文化和旅游部、国务院、广电总局联合印发《元宇宙产业创新发展三年行动计划（2023—2025年）》（以下简称《行动计划》）。

《行动计划》提出，推广沉浸交互的生活消费场景，建设文旅元宇宙，围绕文化场馆、旅游景区和街区、节事活动等应用场景，提供数字藏品、数字人讲解、XR导览等产品和服务；打造数字演艺、"云旅游"等新业态，打造数智文旅沉浸式体验空间。

从国家到地方，已经开始把元宇宙作为数字经济发展的重要内容。随着国家深入实施数字经济发展战略，多地纷纷布局元宇宙，越来越多的元宇宙项目正在落地。元宇宙在文化和旅游领域拥有广阔的应用空间，文旅元宇宙项目涵盖沉浸式景区、大型演艺秀、沉浸式乐园、艺术展览、数字藏品、AR/VR实景探索游戏、虚拟人等多个类别，文旅元宇宙所带来的沉浸式新体验正成为优化文旅体验方式、重塑文旅产业格局、助力产业实现瓶颈突破的关键力量。各大旅游景区、度假区要以内容为王，充分利用元宇宙的科技手段和概念，赋能自身高质量发展，增强体验场景氛围感，为游客提供更加优质的文旅服务。

10. 国务院《关于释放旅游消费潜力推动旅游业高质量发展的若干措施》

为深入贯彻落实习近平总书记关于文化和旅游工作的重要论述和中央政治局会议精神，丰富优质旅游供给，释放旅游消费潜力，推动旅游业高质量发展，进一步满足人民群众美好生活需要，发挥旅游业对推动经济社会发展的重要作用，国务院办公厅印发《关于释放旅游消费潜力推动旅游业高质量发展的若干措施》（以下简称《若干措施》）。

《若干措施》从5个方面提出30条推动旅游业高质量发展的工作措施。一是加大优质旅游产品和服务供给，推进文化和旅游深度融合发展，实施美好生活度假休闲工程，实施体育旅游精品示范工程，开展乡村旅游提质增效行动，发展生态旅游产品，拓展海洋旅游产品，优化旅游基础设施投入，盘活闲置旅游项目。二是激发旅游消费需求，改善旅游消费环境，完善消费惠民政策，调整优化景区管理，完善旅游交通服务，有序发展夜间经济，促进区域合作联动。三是加强入境旅游工作，实施入境旅游促进计划，优化签证和通关政策，恢复和增加国际航班，完善入境旅游服务，优化离境退税服务，发挥旅游贸易载体作用。四是提升行业综合能力，支持旅游企业发展，加强导游队伍建设，提升旅游服务质量，规范旅游市场秩序。五是保障措施方面，要健全旅游工作协调机制，强化政策保障，拓宽融资渠道，加强用地、人才保障，做好旅游安全监管，完善旅游统计制度。

在旅游业高质量发展浪潮下，各大旅游景区、度假区要丰富优质旅游产品和服务供给，顺应大众旅游多样化、个性化消费需求，创新旅游消费场景，积极培育旅游消费新模式，通过提升旅游体验感来撬动消费大市场。

三、旅游景区、度假区相关政策研究

本部分利用文本分析、知识图谱分析等方法对文本进行分析，将文本中有关旅游景区、度假区以及值得旅游行业关注的政策动向进行整理和研究。

（一）政策类型分析

政策公文类型。截至2023年10月21日，国家层面与旅游景区度假区及其相关的政策公文类型，以通知为主。

表3-2 相关政策公文类型统计分析表

公文类型	出现次数
通知	24
公告	4
意见	2

政策制定部门。从政策制定的主体看，国家层面与旅游景区及其相关的政策公文制定，以文化和旅游部为主。其中，参与文旅行业政策制定的部门涉及文化和旅游部、教育部、农业农村部、交通运输部、工业和信息化部、国务院、自然资源部、国家乡村振兴局等 23 个部门，通过多部门共同参与，以保证政策顺利推行并有效贯彻实施。

表 3-3　相关政策制定部门统计分析表

序号	发文部门	词频
1	文化和旅游部	29
2	教育部	3
3	农业农村部	2
4	交通运输部	2
5	工业和信息化部	2
6	国务院	2
7	自然资源部	1
8	国家乡村振兴局	1
9	国家发展改革委	1
10	国家消防救援局	1
11	国家铁路局	1
12	中国民用航空局	1
13	国家邮政局	1
14	国铁集团	1
15	国家文物局	1
16	文化和旅游部等部门联合	1
17	中国银行	1
18	公安部	1

续表

序号	发文部门	词频
19	共青团中央	1
20	全国妇联	1
21	中国关工委	1
22	工业和信息化部	1
23	广电总局	1

图3-1 相关政策发文部门词频分析

（二）政策热点分析

截至2023年10月21日，根据对国家层面与旅游景区、度假区及其相关的政策公文文本进行的统计分析，国家层面出台围绕旅游景区、度假区的政策高频词汇，在与旅游景区、度假区相关的行业政策文本中，出现的高频词汇依次有"文化和旅游""发展""信用""服务""产品""市场""文物"等。

表 3-4 高频词汇统计表

序号	单词	词频
1	文化和旅游	380
2	发展	373
3	信用	183
4	服务	165
5	产品	136
6	市场	99
7	文物	97
8	文化	94
9	活动	94
10	游客	92
11	非物质文化遗产	92
12	融合	89
13	元宇宙	89
14	安全	86
15	特色	85
16	乡村旅游	83
17	资源	80
18	企业	80
19	保护	80
20	演出	77
21	经营	76
22	智慧旅游	74
23	主题	73

续表

序号	单词	词频
24	消费	73
25	平台	72
26	信息	70
27	政策	69
28	场所	69
29	东北地区	68
30	体验	65
31	机场	65
32	旅游景区	64
33	旅游业	63
34	红色旅游	62
35	在线旅游	60
36	红色	58
37	探索	57
38	旅游度假区	57
39	乡村	56
40	客运	54
41	工业	52
42	需求	52
43	设施	49
44	内容	48
45	教育	48
46	酒店	48

续表

序号	单词	词频
47	城市	46
48	高质量发展	46
49	景区	46
50	产业	45

图 3-2　高频词汇分析

第四章

国际旅游度假区及度假产业发展典型模式和主要经验[1]

---

[1] 中国旅游研究院课题组《建设"美好生活,主客共享"度假产业新体系——2023中国旅游度假发展报告》(主要执笔人:宋子千 张秋实 蒋艳霞 胡抚生)

一、国际旅游度假区发展的不同类型

（一）以自然资源为依托

基于自然景观和休闲环境发展度假的旅游是早期最常见的度假旅游发展模式。随着工业化和城市化的快速发展，城市的污染、噪声等问题日益凸显。为了逃离城市的喧嚣，人们开始寻找自然和宁静的环境，拥有独特自然景观的地区周围逐渐聚集了度假的游客。为满足度假旅游者的需求，交通、度假酒店、SPA、健身房等配套设施和服务随之兴起，在提供丰富多彩的度假体验的同时，度假产业体系逐渐得以形成。度假旅游发展可依托的自然资源类型多种多样，包括海滩和海洋、山地和自然景观、森林和自然保护区、河流和湖泊、温泉和矿泉、热带雨林乃至沙漠、戈壁等。利用优异的自然资源吸引游客，同时提供配套服务，进而构建起度假产业体系，这种模式在国际上已较为成熟，也是目前最主要的国际度假产业发展模式之一。

塞舌尔群岛（Seychelles Islands）：塞舌尔是国际知名的岛屿度假胜地，以其美丽的海滩、清澈的海水、丰富的海洋生态和独特的热带雨林而著称，与马尔代夫、毛里求斯共同被列为印度洋上的三大明珠。塞舌尔群岛因其海域广阔，潜水活动有着广阔的空间。特别是塞舌尔是最容易见到鲸鲨的地方，所以当地的潜水活动对游客极具吸引力。

冰岛（Iceland）：冰岛是一个火山岛国，拥有壮丽的火山、冰川、温泉、瀑布和湖泊景观，游客可以体验独特的冰火两重天的风景。在极光季节，这里是极光爱好者的朝圣地，游客有机会在这里欣赏到绚丽多彩的极光表演。

摩洛哥（Morocco）：摩洛哥位于北非，拥有丰富的沙漠旅游资源。游客可以进行沙漠探险，骑骆驼穿越沙丘，观赏日出和日落，参加沙漠露营，体验沙漠生活的独特魅力。

惠斯勒（Whistler）：位于温哥华附近，周边被黑梳山和惠斯勒山所环绕，是一个典型的山谷小镇，这里气候宜人、风景优美，素有"小瑞士"之称。惠斯勒小镇立足自身的山地资源和场地优势，成为高山滑雪、山地自行车以及高尔夫等国际级赛事的举办地。

（二）以城市为依托

城市是现代生产生活的聚集地，是人们高品质生活的空间，宜居、宜业、宜游、宜乐是当前很多城市的建设指向，特别是一些城市拥有深厚的文化底蕴和鲜明的文化特色，人文和社会旅游资源富集，这使得它们不仅仅是客源产生地，而且也是旅游度假的重要目的地。当前，许多游客不再满足于传统的依托海滩等自然资源类型的度假，开始追求城市的多样性和便利性。城市往往拥有众多购物中心和餐饮娱乐场所，可为游客提供更多的娱乐和购物选择，充分满足游客在度假期间的娱乐和购物需求。一些城市利用自身丰富的文化和艺术资源，通过举办各类文化活动、艺术展览和音乐节等，对游客产生了强烈的吸引力。一些城市依托信息化建设，通过提供个性化的智能导览、智能交通、智能酒店和虚拟现实体验，为游客带来了前所未有的便利和全新的体验。

威尼斯（Venice）：威尼斯是意大利东北部城市，被誉为"浪之都"和"水上之城"。它是一座建在水中的城市，其最著名的景观就是运河和桥梁。游客可以乘坐经典的威尼斯贡多拉，欣赏沿途的美丽建筑和风景。同时，它也是拥有丰富艺术和文化遗产的城市，每年的威尼斯嘉年华和威尼斯国际电影节吸引着众多游客和影迷。

巴黎（Paris）：巴黎是法国的首都和最大城市，作为浪漫之都和艺术之都，这里拥有丰富的度假资源：著名的景点和建筑、博物馆和画廊、知名的时尚服饰、法餐和咖啡。游客可以感受到浪漫的氛围、欣赏到世界级的艺术和文化、购买到时尚品牌、品尝到美味的法国美食。同时，除了巴黎的夜景，酒吧、夜总会和剧场等娱乐场所在晚上都有演出活动，游客和居民均能尽情享受独特的夜生活。

迪拜（Dubai）：迪拜是阿拉伯联合酋长国的城市，以其豪华的酒店、沙漠冒险、购物中心、人工岛屿等而闻名。迪拜在智慧旅游方面不断创新和发展，将科技与旅游度假相结合，游客可以通过虚拟现实设备参观迪拜的著名景点和建筑，获得身临其境的感觉。在迪拜的智能酒店里，客人可以通过智能设备控制房间内的设施和服务，充分体现了迪拜在智能旅游领域的领先地位。此外，在城市交通方面采用智能交通系统，包括智能公交车、自动驾驶出租车等，为客人提供更高效、便捷的交通服务，并减少了交通拥堵。

（三）以乡村为依托

乡村度假的发展为深度共享乡村生活、推动乡村振兴带来了新的机遇。乡村旅游最早起源于9世纪，在西方国家相继得到快速发展。早期的消费群体多为城市的中产阶层和上流社会人士，以观光农业、探亲度假、疗养休闲为主要旅游目的。1865年意大利"农业与旅游全国协会"的成立标志着乡村旅游作为当时一种新的旅游业态逐渐崭露头角，为全球乡村旅游的兴起掀开了序幕。20世纪80年代中后期至今，国际乡村旅游发展逐渐成熟。现代乡村度假在以观光、采摘等为主的传统乡村旅游活动基础上，新增了大量多样化的旅游项目，如滑雪、登山、滑翔等；同时，更加注重共享乡村生活方式，挖掘和弘扬乡村的文化元素,提升乡村旅游的文化品位和文化魅力。

田舍馆村(Inakadate):位于日本本州岛的青森县,以稻田艺术为特色,结合举办乡村文化活动和农村体验活动,推广乡村美食和自然风光。每年夏季,田舍馆村稻田艺术都会吸引大量游客前来观赏。这种独特的农田艺术成为该地区的一大亮点。田舍馆村开展许多农村体验活动,如参与农业劳动、采摘水果、制作手工艺品等。游客可以参与这些活动,亲身感受农村生活的乐趣。田舍馆村发展了传统风格的农村旅馆和民宿,提供独特的住宿体验。这些措施促进了田舍馆村乡村旅游度假的可持续发展,为游客提供了更多了解日本乡村生活和民俗文化的机会。

普罗旺斯(Provence):普罗旺斯是法国东南部城市。宁静而浪漫的法国乡村风情吸引着众多游客前来体验。普罗旺斯是薰衣草的故乡,夏季时节会形成壮观的薰衣草田园景观。普罗旺斯以其美食文化而闻名,包括橄榄油、葡萄酒、香草、薰衣草等特色食材。普罗旺斯积极推广当地美食,开设农家乐和特色餐厅,让游客品尝地道的普罗旺斯美食。在葡萄园和酿酒作坊,游客可以参观和参与酿造葡萄酒的全过程,还可以在作坊里品尝葡萄酒,并可以将自己酿好的酒带走。普罗旺斯有许多古老的小村落、梯田、葡萄园等,为了让游客更好地欣赏这些建筑和美景,该地开发了众多游览路线和观景点,如自行车道、徒步路线等,游客可以在其中感受乡村生活的悠闲。

(四)以度假村为依托

度假村具有相对私密、独立的空间,并提供一站式服务,可以让游客在舒适愉悦的环境中感受自然和文化的魅力。度假村发展始自19世纪,当时英、法等国兴起了在海水中浸泡以治疗疾病的热潮,开始有旅游企业在海滨浴场旁边修建配套的旅馆与餐厅,形成以"康养"为主要功能的度假村雏形。到了20世纪中后期,随着西方带薪假期制度的推广及"二战"后经济的复苏,度假旅游的需求逐渐被释放。在加勒比海地区、东南亚等热带地区，出现了许多海滨度假村。随着冬季度假需求的逐渐增加和温泉、冰雪等旅游资源的挖掘利用，温泉疗养度假村和滑雪运动度假村也逐渐兴起，度假村的运营时段从最初的夏季为主拓展至包括冬季在内的全年。目前，度假村的类型进一步增加，出现了满足个性化度假需求的亲子度假村、高尔夫度假村、庄园度假村、民俗度假村等细分类型。

阿尔卑斯地区（Alps）：阿尔卑斯地区是世界著名的滑雪胜地，吸引着大量滑雪爱好者。瑞士以高品质的服务而闻名，阿尔卑斯地区的度假村也不例外，在全球范围内享有很高的声誉，其优越的自然资源和丰富的户外活动使其成为众多游客的理想选择。度假村通常提供完善的滑雪设施和滑雪教学，满足不同水平的滑雪者需求。阿尔卑斯地区还有许多温泉和康体中心，游客在冬季可获得滑雪和泡温泉的双重享受。

巴厘岛（Bali）：作为印度尼西亚的著名度假胜地，巴厘岛拥有种类繁多的度假村，从经济型的度假酒店到豪华的度假村，应有尽有。许多度假村位于沿海地区，拥有壮丽的海滩和海景。除此之外，还有一些隐藏在热带丛林或山区的度假村提供与大自然亲密接触的独特体验。巴厘岛的度假村通常提供丰富完善的娱乐设施，如水上运动、SPA中心、游泳池、健身房、高尔夫球场等。许多度假村在设计和装饰上都融合了当地传统文化元素。

（五）以主题乐园为依托

主题乐园是现代旅游度假产业的一个重要门类，可以满足人们短暂逃离现实生活的愿望以及对梦幻虚拟世界的向往，并逐渐发展成为当地文化和科技成就的象征。现代主题乐园起源于荷兰，而兴盛于美国。它通常围绕特定的一个或多个主题，通过人工设计和营造特定的环境、建筑、游乐设施和娱乐节目，为游客提供全方位的娱乐和度假体验。1955年开园的美国加利福尼亚迪士尼乐园是第一个大规模的主题乐园，以动画电影和卡通角色为主题，让游客沉浸在富有想象力和故事性的场景中。随着主题乐园的发展，主题开始涵盖各个领域，如历史主题、冒险主题、民俗主题等。主题乐园不仅仅是游乐设施的聚集地，同时也设有各类餐饮、住宿、娱乐设施，为游客提供完整的度假体验。近年来，主题乐园不断创新性地引入数字技术和智能设备，更好地提升了游客的互动性和参与感。

奥兰多（Orlando）：奥兰多位于美国佛罗里达州中部，是著名的世界主题乐园之都，有迪士尼、环球影城、海洋世界等15个全球顶级的主题乐园。奥兰多以其主题乐园集群带动休闲度假、商业会展等发展，产生规模经济效应，形成了独有的主题经济格局。主题公园的集聚还带来了投资环境的改善和社会环境的优化。奥兰多成功吸引了太空科技产业和世界领先的电子企业和医疗器械企业集群，以及虚拟现实（VR）、增强现实（AR）和相关领域的优秀企业。同时，瑞迪奎克改良区（RCID）在迪士尼公司的规划下大幅提升了居民的居住环境和生活质量。

比隆（Billund）：比隆位于丹麦日德兰半岛的一个市镇，是乐高公司的起源地，因其依托乐高乐园（Legoland Billund Resort）发展度假业而闻名于世。比隆乐高乐园是全球第一个乐高乐园，于1968年开业。整个乐园都充满了乐高积木的创意和魅力。游客可以看到各种巨大的乐高模型，包括城堡、城市、交通工具和各种生物。乐园周围有度假村，包括酒店和度假村别墅等，使游客可以享受完整的度假体验。在乐高公司的带动下，玩具制造业和休闲旅游业已经成为当地的支柱产业。

二、国际旅游度假产业体系构建的典型模式

度假产业体系的形成和度假区的发展具有千丝万缕的联系。不同度假区拥有不同的自然和人文资源,例如海滨、山地、沙漠、文化遗产等,适合发展不同形态的度假产业。但是这种关系并不是一一对应的。不同度假区的产业体系既体现出各自的特性,同时也具有一些共性,就是努力满足度假旅游者多样化、个性化的需求,促进当地经济社会的发展。

(一)滨水+度假

"滨水+度假"是以水域(如海滨、湖泊、江河、湿地等)为依托,以岸上景观和水上活动为主要吸引物,能够满足游客"玩水、观水、亲水"需求的度假产业体系。一般在滨水岸上地区会提供度假酒店、度假别墅、俱乐部、房车营地等设施,同时开发各类海洋运动和水上活动项目,如冲浪、海钓、游泳、帆船、潜水等,以吸引游客前来度假。

黄金海岸(Gold Coast):黄金海岸是澳大利亚东海岸最著名的滨海度假胜地之一,以其金色的海滩、丰富多样的旅游活动和夏季气候而闻名。该地区拥有繁荣完备的滨海度假产业,为游客提供了各种各样的娱乐活动和食宿选择。住宿业设施上至豪华的范思哲度假酒店、海滨别墅,下至预算有限的民宿、青年旅舍,力求为所有游客提供舒适、安全和满足需求的住宿选择。同样,这里既有售卖便宜且时尚的服饰、小饰品的滨海步行街,也有高端的购物中心。黄金海岸为游客提供了丰富的度假体验项目,周边地区有自然保护区和国家公园,海岸上有海洋世界等世界知名主题公园,水上有滑翔、帆船、深潜、观鲸等活动,为游客提供了极具吸引力的综合性滨海度假体验。

日内瓦(Geneva):日内瓦是瑞士第二大城市,位于日内瓦湖的西南角。依托日内瓦湖,日内瓦形成了滨湖、高空、峰顶等全景式观光游览产业,历史

建筑、博物馆、乡村文化等多元文化体验产业，音乐疗养、羊胎素美容等疗养体验产业，水上运动、山地自行车等运动休闲产业，以及商务休闲产业，水岸经济辅以差异化的滨湖空间构建，逐步建立了完善的度假产业体系。

圣托里尼（Santorini）：圣托里尼是希腊爱琴海地区最著名的度假胜地，以其壮观的美景、独特的蓝白风格建筑和浪漫的氛围而闻名。圣托里尼最有特色的便是其数百家建在悬崖上、完全保留古朴乡村风貌的酒店，大多配备无边泳池。游客可以在悬崖边俯瞰爱琴海、火山口和整个村落。由于地中海海岸蜿蜒、各岛之间相对分离，圣托里尼在近年来加大了对邮轮产业的发展投入，建设了现代化的邮轮码头和设施，使其成为豪华游轮的热门停靠地之一。许多中大型游轮会在圣托里尼停留一天或几天，助推了当地旅游度假产业的发展。

（二）山地运动＋度假

"山地运动＋度假"是以山地自然环境和山地运动资源为依托，以户外运动为主要特色的度假产业体系。山地环境资源如高山、雪地、峡谷等，为多样化的运动项目如滑雪、滑板、攀岩、登山、徒步、自行车运动等提供了理想的场所。为了满足游客的度假需求，山地度假地通常会建设高山度假村和酒店，提供舒适的住宿、餐饮和娱乐设施，举办各种户外运动赛事和文化节庆活动，以增加游客的参与度，为山地运动度假产业带来更多的人气和收益。

霞慕尼（Chamonix）：霞慕尼是位于法国中部东侧的山地小镇，是世界著名的滑雪和登山胜地。拥有丰富的自然资源和壮丽的山景，举办了首届冬季奥林匹克运动会，因此其发展山地运动度假产业有着独特的优势。霞慕尼是现代登山运动起源地，当地登山服务实现了公司化运营，目前有超过150名注册职业登山向导，并设有高山救助队和世界性的滑雪教练训练中心，保证了高山户外运动产业的专业化发展。小镇附近有13家大型滑雪场、上百条雪道，包括初级道到超难度道。除了冬季运动项目，小镇还开发了滑翔伞、森林徒步、峡谷漂流等夏季户外项目。当地的休闲配套服务体系也逐渐完善，既有多元化住宿设施，也有SPA馆、奢侈品牌店铺、体育运动品店等休闲购物项目。多元的运动体验、专业的运动设施和服务、完善的休闲服务体系共同塑造了其高山运动度假品牌。

北海道（Hokkaido）：北海道是日本最北部的岛屿，以其令人叹为观止的山脉、自然景观和丰富的山地运动度假活动闻名。北海道是世界级的滑雪胜地，知名的滑雪度假城市包括二世谷、富良野和旭川，享有充足的雪量和优美的雪景。同时，北海道有许多温泉度假胜地，如登别和洞爷湖，游客可以在泡温泉的同时欣赏壮丽的山地景观。在夏季，北海道是自行车和山地自行车爱好者的天堂，提供了各种自行车路径和挑战性的山地自行车道。北海道的山脉和森林为游客提供了丰富的户外活动选择，包括野营、徒步旅行、皮划艇和冲浪。加之丰富的食材和美食文化，游客可以在北海道品尝新鲜的海鲜、奶制品和当地美食。滑雪、温泉与美食已经构成了北海道度假的三大卖点，对全世界的运动爱好者和游客有着强烈的吸引力。

（三）健康疗养＋度假

"健康疗养＋度假"是依托生态资源（如温泉、空气、气候、天然食材等）和疗养服务（如针灸、按摩、理疗、心理咨询等），以满足旅游者健康疗养和度假一体化需求为中心构建的度假产业体系。在现代社会压力增大的情况下，人们越来越重视身心健康。以健康疗养为特色的度假地不仅提供舒适的住宿和娱乐设施，帮助游客放松身心，而且提供特色疗养服务，帮助游客缓解压力和疲劳，以及基于新鲜、有机、天然的食材，为游客提供营养均衡的膳食。

箱根温泉旅游度假区（Hak one Hot Spring Resort）：箱根温泉旅游度假区位于神奈川县，在东京经济圈辐射范围内，地理位置优越。它以美丽的自然风光、丰富的温泉资源和悠久的历史而闻名。箱根温泉的产业发展已经成为推动当地经济发展和旅游业繁荣的重要支柱。度假区在规划设计时精巧地将设施与原有的景观融合，保留原有的文化特色，营造与自然和谐相处的氛围。在提供多样的温泉体验区的同时，设有从高档豪华酒店到传统的日式旅馆等不同类型的温泉旅馆。箱根温泉地区拥有许多观光景点和娱乐设施，如箱根强罗公园、箱根美术馆、箱根雕刻之森美术馆等，为游客提供丰富的文化和娱乐体验，延长了游客在箱根的停留时间。箱根温泉地区还保留着浓厚的传统文化氛围。有些旅馆提供和服体验，让游客穿着传统和服参观温泉街区。此外，度假区还举办传统庆典和艺术表演，让游客亲身感受当地的风情与魅力。

依云镇（Évian Town）：依云镇位于法国东部，与瑞士日内瓦隔湖相望，以其富含矿物质的天然矿泉水和温泉疗法而闻名。依云小镇的健康疗养度假结合自然资源、现代水疗技术和深厚的文化底蕴，吸引了众多国内外游客前来放松、康复和享受独特的度假体验。游客可以在小镇上的公共泉水处获取自来水，也可以在当地餐厅和酒店享用依云矿泉水。依云小镇的水疗中心通常位于自然环境中，为游客提供了欣赏湖泊和山脉美景的机会，这本身就是一种疗愈体验。在水疗期间，游客可以享用健康的膳食，包括新鲜的有机食材和平衡的饮食，以促进身体的健康和康复。小镇周围的阿尔卑斯山脉提供了徒步、登山、高尔夫等各种户外活动的机会。这些活动有助于游客维持健康的生活方式，并享受大自然的美景。依云小镇每年都会举办各种赛事活动、音乐会和艺术展览，为游客提供额外的娱乐选择。围绕健康疗养，依云镇逐步形成融矿泉水制造、商务会展、休闲观光以及户外运动等于一体的产业体系。

（四）乡村生活+度假

"乡村生活+度假"是以乡村地区的自然环境、风土人情和农业资源为依托，以提供农业体验和乡村生活为主要内容的度假产业体系。该发展模式为游客提供丰富多样的乡村生活和农业体验活动，包括参与农耕、采摘、养殖、动手制作农产品、参观农场工作以及逛农村集市、体验传统习俗等。乡村度假很适合亲子游和家庭游。家长和孩子可以在共同参与农业活动和乡村生活中增进亲子关系，让孩子们了解农村生活和农业知识。

德国施雷伯田园（Schreiber Pastoral）：施雷伯田园是德国首创生活生态型市民田园木屋度假的代名词。施雷伯田园由一个个精致的小木屋和小田园组成，每家每户均为独门独院，形成了都市人向往的近郊"世外桃源"。每到周末，人们从城市举家到田园中度假，或休闲散步，或从事山间劳动，或躺在木屋的躺椅上沐浴阳光。目前德国东部有70万个小田园，西部有65万个。田园租赁人多为收入较高的社会上层人士。在这种田园综合体模式下，市民田园得以规范化发展，并完美地将生态农业与旅游度假结合在一起。

江原道旌善郡大酱村（Deonjang Village）：韩国江原道旌善郡大酱村是典型的乡村度假地。大酱村紧抓"大酱"这一核心元素，将韩国传统制酱手艺与现代生活方式结合进行创新开发，以爱情传说为背景，通过具有参与感的体验和大提琴演奏会，走出了韩国乡村度假发展的以传统民俗文化和自然美景出圈的特色之路。游客可以品尝到地道的韩国美食，包括韩式泡菜、辣椒酱、烤肉和石锅拌饭等，还可以参加一系列传统韩国文化体验，如韩服试穿、传统礼仪和传统音乐表演等。

（五）特色产业 + 度假

"特色产业 + 度假"是依托地方特色产业，将特色产业的独特魅力和当地其他度假资源紧密结合而形成的度假产业体系。比较典型的就是"葡萄酒产业 + 度假"。葡萄酒产业既包括葡萄的种植，也包括葡萄酒的研发、酿造、灌装和销售，涉及工业、农业、服务业等多个范畴。葡萄酒在西方的餐饮文化中占有重要地位，甚至形成了具有丰富内涵的葡萄酒文化。葡萄酒产业和旅游度假的结合，使得度假旅游者既可以参与葡萄的采摘，也可以参观葡萄酒酿造的过程，还可以学习葡萄酒知识，品尝葡萄酒和美食，参加相关节庆活动等，获得丰富的度假体验。

新西兰怀希基岛（Waiheke Island）：怀希基岛主要凭借葡萄酒产业和艺术文化吸引着大量游客前来体验其独特的岛屿风情。20世纪早期，该岛是个艺术家聚居地，世界各地的画家、作家、诗人在小岛上各自独立生活以寻找灵感。岛上的气候和土壤条件适宜葡萄种植，20世纪后期吸引了越来越多的酒庄和葡萄酒生产商进驻。因此，尽管该岛地处偏远，但艺术村和葡萄酒之岛的名气为该岛带来了持续的人气，使得该岛在新西兰旅游度假业中具有重要的地位。

托斯卡纳（Tuscany）：托斯卡纳是意大利著名的葡萄酒产区之一，也是葡萄酒度假的热门目的地之一。托斯卡纳拥有众多历史悠久的葡萄酒庄园和葡萄园，游客可以在庄园内参与采摘葡萄、品尝葡萄酒、了解不同葡萄品种以及与葡萄酒制作相关的文化和历史。托斯卡纳定期举办各种葡萄酒节和葡萄酒文化活动，游客可以参加这些庆典，在品尝葡萄酒的同时欣赏当地文化表演和艺术。托斯卡纳还以其美食文化著称，度假地通常提供与葡萄酒搭配的当地传统美食，如意大利面食、火腿和奶酪等。此外，游客还可以选择在托斯卡纳农村体验生活，住在葡萄园或橄榄园的农舍或别墅中，也可以参观托斯卡纳的古城，探索其丰富的文化和历史遗产，包括佛罗伦萨、西耶纳和卢卡等城市。

（六）文化主题+度假

"文化主题+度假"是以特定的文化主题元素为核心，通过打造独特的度假体验来满足游客的个性化需求和兴趣爱好的度假产业体系。该发展模式将特定文化主题融入度假地建设的各个方面，包括住宿、娱乐、餐饮等，从而创造独特而令人难忘的旅行体验。同时，通过共享共同的兴趣和爱好，还可以增加游客的情感共鸣，增强游客对度假地的满意度和忠诚度，推动度假产业的持续发展。

好时巧克力小镇（Hershey's Chocolate World）：好时巧克力小镇坐落于美国宾夕法尼亚州德里郡，是以巧克力文化为主题的特色小镇，吸引着全世界巧克力爱好者。美国巧克力企业家米尔顿·好时将原本荒凉的郊区加以整修，增添了生活及休闲娱乐设施如好时乐园、博物馆、巧克力世界以及主题酒店等，建成了美国式的巧克力乌托邦，使其激发出了新的城市活力。在TEA/AECOM 2018年主题公园报告和博物馆报告中，好时乐园是美国前二十位乐园中唯一的非连锁经营乐园。在好时故事博物馆，游客可以亲身体验好时巧克力创始人的人生故事。小镇中设立了巧克力工厂参观区，向游客展示巧克力的生产过程，并设置了巧克力制作体验区，让游客参与制作巧克力的互动活动。小镇的全息化巧克力主题酒店更是推出了酒店特色巧克力SPA，充满了巧克力元素。其所衍生的产品也均带有好时巧克力的IP形象。

北荣町（Hokuei）：北荣町是位于日本鸟取县的一个小镇。作为《名侦探柯南》作者青山刚昌的故乡，北荣町依托动漫IP优势和当地政府支持打造了柯南主题旅游小镇。小镇建设了很多与《名侦探柯南》漫画有关的景点，如柯南大道、柯南广场、柯南雕像以及模拟漫画中的一些场景，连路标、指示牌、井盖也均以柯南为主题，甚至还开通了用柯南故事的人物形象装饰的柯南专列。系列化的柯南主题纪念品、周边商品也是随处可见。小镇上会举办各种有趣的活动和表演，例如柯南相关的演出、cosplay比赛等，使游客能够更深入地参与到柯南的世界中。除了打造以柯南系列为景点的核心吸引物，当地还充分发挥其自然、文化、历史资源优势，拓展了茶道、料理等其他多维度主题休闲旅游业，让游客在感受到生动的故事和角色的同时，能够欣赏当地美丽的自然景色和丰富的历史文化。

（七）邮轮+度假

"邮轮+度假"是以邮轮为核心载体，以提供船上休闲娱乐和岸上观光体验为主要内容的度假产业体系。邮轮类似于一个可移动的度假区,通过提升邮轮上的服务和设施,例如豪华客房、各类餐厅、娱乐设施、水上乐园、SPA中心等,满足游客对舒适和便利度假生活的需求。同时,邮轮利用其可移动性,设立沿线停靠点,可为游客提供多样的岸上旅游度假活动,从而丰富游客的度假体验。

皇家加勒比国际邮轮(Royal Caribbean International):是全球第二大游轮旅游服务公司,现有29艘邮轮,以提供豪华、多样化和充满乐趣的度假体验为特色。其中世界首艘智能邮轮——海洋量子号邮轮上拥有各类的客房,从内舱房到套房,可供游客根据需求和预算选择。邮轮内设有免费和收费餐厅、酒吧、专享餐厅和小酒馆,分别在不同时间段提供早中晚餐和咖啡等各种饮品。邮轮内还设有赌场、演出剧场、商店、画廊、运动馆、室内和室外游泳池等休闲娱乐设施,甚至还有具有挑战性的高空游览项目和空中飞人模拟跳伞项目,足以提供令人难忘的度假体验。

迪士尼邮轮(Disney Cruise Line):迪士尼邮轮是迪士尼公司旗下的邮轮度假品牌,融合了迪士尼的文化和娱乐元素,提供一种独特的邮轮体验。迪士尼邮轮拥有一支庞大的船队,包括多艘不同规模和风格的邮轮,如梦想号、奇迹号、幻想号和惊奇号。迪士尼邮轮适合家庭出游,提供丰富多彩的儿童活动和娱乐,包括儿童俱乐部、迪士尼角色互动、迪士尼电影放映和水上滑梯。邮轮上还提供娱乐表演,包括百老汇风格的音乐剧、魔术表演、焰火秀和音乐会。迪士尼邮轮的航线包括私人岛屿卡斯特瓦克等,这里提供白色沙滩、水上运动和海滨烧烤。除了常规巡航,迪士尼邮轮还提供一些特殊主题巡航,如万圣节巡航、圣诞节巡航和星战主题巡航,为游客提供更多娱乐选择。

三、国际旅游度假区及度假产业发展的主要经验

（一）坚持市场主导，重视发挥政府作用

国外度假产业的发展总体上坚持市场主导，主要依靠市场需求和竞争来推动度假产业的创新和发展。度假地最初的发展可能是自发的，由于某些环境和资源的优势吸引着度假旅游者前往。随后，度假企业和投资者会根据市场需求和预期收益来选择投资和开发度假项目，以满足游客多样化的需求和喜好，度假产业因此应运而生。当度假地发展到一定阶段时，供给和需求的矛盾以及围绕资源展开的无序竞争可能会加剧，这个时候就需要政府介入，引导度假产业良性发展。一个典型的案例是马尔代夫。最初因其独特的地理环境，马尔代夫并未被视为一个潜在的旅游度假胜地。其度假产业的发展始于20世纪70年代，由私人主导开发首批海岛度假村并依托外籍旅游组织者带来的客源起步。优美的自然资源吸引了越来越多的游客前来，打破了其与斯里兰卡的打包式旅游方式。马尔代夫旅游业的发展逐渐引起了当地政府的重视，随后在当地政府的引导下逐渐形成了"一岛一村"的开发模式，使其成为国际知名的旅游度假胜地。

在现代旅游度假发展中，政府扮演的角色越来越重要，甚至有些度假地几乎完全是在政府规划和支持下发展起来的。政府不仅主导度假项目的选址和规划，而且制定相关政策，提供土地、资金和其他资源支持，以引导和推动度假产业的发展。如墨西哥的坎昆从仅有三百多人的加勒比海小渔村发展成为世界级滨海旅游度假目的地，离不开政府的规划、投资以及环保和服务管理等方面的诸多举措。坎昆当地政府制定相关的旅游规划和政策，大力建设旅游基础建设，投资修建公路、国际机场、华雷斯海港等，为旅游度假业的发展提供了强有力的支撑。政府注重原生态的本色开发，挖掘和整合当地玛雅文化资源，为坎昆旅游发展提供了持续的文化动力。政府作为坎昆旅游度假宣传和推广的主

要责任者，在旅游发展初期采取了系列战略性、高起点的推广和宣传措施，极大提高了坎昆的国际知名度和声誉，对坎昆旅游度假业的发展起到了至关重要的推动作用。再如迪拜，也是在政府主导下短时间内就实现了旅游度假业的快速发展。迪拜当局考虑到石油储量有限，推行经济多元化，将自身发展目标定位为地区及国际服务业中心，大力发展旅游业，仅用三十年的时间便使迪拜成为全球十大旅游目的地。迪拜政府提高旅游业的战略地位，改组机构，成立迪拜旅游与商业市场局并在全球 15 个主要海外市场设立办事处。积极利用私人资本投资基建，打造多个世界第一的地标性建筑，将沙漠小城塑造成全球最奢华的休闲度假胜地。赴迪拜的旅客占到整个中东地区的近三分之一，其中，75% 为休闲度假，另外 25% 为商业往来。位于中东地区的迪拜其旅游度假之所以能够迅猛发展，得益于自由开放的政策环境，迪拜政府在食品、着装、土地政策等多方面对外国投资者及旅客展现了较大包容性。

（二）凸显地方特色，广泛吸收先进文化

成功的度假地大都坚持以本地自然和文化资源为基础，培育发展出独特的旅游特色和吸引力。它们在度假业发展中强调本土资源的挖掘利用和当地文化价值的弘扬，注重地方文化的传承、自然风光的保护和乡村生活的体验，让游客能够深入了解当地的历史、文化和生活方式，注重可持续性发展和社区参与，以实现经济、社会和环境的均衡发展。新西兰的皇后镇利用四季分明的气候特征，深挖自然资源以及悠久的历史文化，在开发观光旅游度假的同时，借助当地丰富多变的自然环境开发户外运动，将探险体育和旅游度假有机结合，塑造了一个高端的探险旅游度假目的地形象，形成了完整而健全的极限户外旅游产业链。这一做法符合新西兰的文化传统，他们有着冒险的深厚传统，对冒险者非常尊重，将冒险精神视为价值观的一部分。为了让每一位来到皇后镇的游客都能感受到当地氛围并受其影响而充满活力，皇后镇提供给游客各种不同的游览方式，如在卡瓦拉桥上蹦极、乘坐水上飞机鸟瞰海岛、划皮划艇逆流而上、潜水观赏罕见的黑珊瑚等。花样繁多的极限户外活动吸引了大量的冒险爱好者前往，使皇后镇成为各国游客寻找刺激、体验心跳加速的胜地。

多数度假地在扎根本土文化的同时，也注重通过"无中生有""移花接木""推陈出新"等手段，广泛借鉴外部的成功经验，吸收外部的先进文化，这些现代文化、外来文化和本土文化在更好满足度假旅游者需求的过程中实现了完美的统一。特别是有些地方自身的度假资源相对匮乏，通过引入国外投资者和合作伙伴，引进国际著名的旅游品牌、连锁酒店、主题公园、博览会等，可以增加目的地的国际知名度，在短时间内快速吸引游客和提高旅游收入，促进当地的度假产业快速发展和经济增长。新加坡的圣淘沙岛便是经历了从无到有，通过外来品牌植入逐渐壮大的旅游度假产业发展历程。圣淘沙是新加坡南部海岸开发建设的一座人工岛，以旅游度假为核心产业，配套会议会展、健康养生、地产等产业集群，提供高品质的综合性服务，致力于打造"亚洲顶级家庭度假目的地"。为了与其他东南亚滨海景点进行差异化竞争，圣淘沙岛引入马来西亚云顶集团开发经营圣淘沙名胜世界，引进东南亚首家环球影城、海洋生物园等世界级主题公园。新加坡城市发展酒店（CDL）和喜达屋酒店（Starwood）与度假村集团共同开发升涛湾海滨住宅项目，为国际游客提供滨海住宅的生活方式，提升了对国际游客的吸引力。通过引进国际品牌、世界级的主题公园和度假村等综合性设施，新加坡提高了圣淘沙岛的国际化水平，满足了游客世界级、高品质的度假休闲需求。

（三）围绕游客需求，拓展度假产业体系

度假产业体系构建的出发点和落脚点都是游客需求。从游客需求出发，想游客之所想，甚至想在游客前头，这是很多度假地成功的重要原因。只有适应和满足了度假旅游者需求，才能激发他们的消费，进而促进度假产业的发展。

在国外很多度假地，度假酒店或度假村可以说是标配。这些度假酒店或度假村多选址在风景优美的地段，提供高品质的一揽子服务，有些甚至拥有私家海滩、海水浴场，或在温泉、SPA、演艺等方面具有独特优势。度假酒店或度假村的良好环境和优质服务，使得它们本身可能就构成度假地的重要吸引物，成为游客选择度假地的重要依据。国外成功的度假地往往不仅有数量众多的酒吧、餐厅、商场等供游客消费，而且还提供丰富多彩的休闲运动和文化娱乐项目，如潜水、冲浪、滑雪、极限运动、音乐会、剧场演出等，极大地拓展了度假产业体系。有些度假地还努力将度假产业融入本地产业体系，如在瑞士的一些度假地，参观钟表博物馆和工厂不仅丰富了游客的活动内容，而且促进了当地钟表的销售，带动了当地经济发展。

（四）保护资源环境，注重产业持续创新

成功的度假地无一不具备优美的景观、浓厚的人文氛围和良好的生态环境。发达国家在推进旅游度假发展时，非常注重通过立法等手段来保护旅游度假所依托的资源和环境。西班牙、法国、英国、意大利等都推出了系列法律法规和措施来保护自然环境、历史建筑和文化文物，鼓励企业和社区参与保护和恢复工作，鼓励旅游企业采取可持续的经营模式，限制旅游活动对环境的负面影响，开展宣传活动和培训课程，培养游客的环保意识，提高公众对文化遗产的认识和重视程度等。由于度假旅游发展更加强调"产业"的发展，因而面临的持续创新压力也较大。观光旅游依赖的"二老"（老天爷、老祖宗）资源形成的时间非常漫长，它们对游客的吸引力也非常持久。度假旅游的发展虽然同样需要依托景观资源和生态环境，但同时也离不开休闲娱乐和人造景观等产业项目的支撑，这些项目虽然建设较快但也更容易"过时"。根据加拿大学者 R.W.Butler 提出的旅游地生命周期理论，旅游地的发展可以分为六个阶段：探索阶段、参与阶段、发展阶段、巩固阶段、停滞阶段、衰退阶段或复苏阶段。相较于观光旅游地，度假旅游地的周期往往更短，因而也需要更加重视度假产业的持续创新。事实上，多数度假项目在发展初期便完成了基础设施和配套设施建设，开展了一波又一波的广告预热，因此度假地的探索阶段和参与阶段一般较为短暂。度假项目一旦开发，会在短期内吸引大量游客前往，直接进入发展阶段。但与此同时，由于度假项目的目标群体较为集中，度假设施设备容易老化，度假地的稳定期和停滞期的到来也更快。随着度假产业规模趋近饱和、游客接待量进一步下降，度假地就面临衰落的风险。这时就需要通过重塑或转型寻找新的发展机会，以吸引更多游客并延续其旅游度假产业的繁荣。

第五章
旅游景区度假区案例研究

案例一 故宫博物院——传统文化IP案例研究

故宫，旧称为紫禁城，位于北京中轴线的中心，是中国明、清两代24位皇帝的皇家宫殿，是中国古代宫廷建筑之精华。其无与伦比的建筑杰作，也是世界上现存规模最大、保存最为完整的木质结构的宫殿建筑群，被誉为世界五大宫之首。1925年10月10日，写有"故宫博物院"五个大字的匾额被挂上了紫禁城的城门。1961年，故宫被列为第一批全国重点文物保护单位；1987年，成为中国第一批入选《世界遗产名录》的世界文化遗产。故宫博物院是世界上极少数同时具备艺术博物馆、建筑博物馆、历史博物馆、宫廷文化博物馆等特色的博物馆，是中华民族文化遗产重要的载体。

2012年，故宫博物院提出"把故宫变成文化家园"，通过IP和产品创新，将传统文化遗产融入老百姓的生活。明确了"传统文化一定要时尚"的IP定位，打造"生活方式·故宫IP展厅"。通过不断的产品和内容创新，将传统文化产品融入普通百姓生活，体现美好生活、智慧生活，持续关注当下年轻人的生活状态，捕捉年轻人对传统文化的兴趣和喜好，让故宫文化更多地走进年轻人的生活。

"故宫跑""故宫精神""故宫制造""故宫大修""故宫文创""故宫御

猫""故宫火锅"等都能成为一段时间内文化旅游领域的热点、焦点；众多走进故宫的外国政要、国际友人，在此举办的国际论坛、展览，让故宫成为举世公认的"中国符号"。作为中国文化的重要象征和代表，故宫每天都吸引着成千上万的海内外游客前来参观和了解，每年接待中外观众600万～800万人次；从"去故宫赏雪"到"上元节故宫夜游"等一个又一个广泛传播的"故宫事件"，600岁的故宫成了国民心中的"顶级网红"。

随着旅游业的繁荣和文化产业的发展，故宫凭借其深厚的文化底蕴，成了北京独特的文化旅游形象代表之一，尤其是在当前文旅融合的大背景下，更是成为众多博物馆竞相学习借鉴的对象。

（一）"故宫热"的复兴

从2012年到2018年，故宫的开放比率从30%提高到了80%，故宫每一次开放新领域都会引发新一轮的舆论热议和参观热潮。随着开放面积的不断扩大，紫禁城的人气儿越来越旺，也几乎从这时起，故宫开启了自己的"网红"之路。

通过与年轻人亲密互动，搞文创、上综艺，故宫火速"出圈"。2008年故宫成立了"故宫文化创意中心"，上线"故宫淘宝"，成为国内第一家开淘宝店的博物院。2014年，故宫成功推出雍正"卖萌记"，吸引众多年轻人的关注，开启了独具特色的品牌IP化发展之路，以朝珠耳机、"奉旨旅行"腰牌、"朕就是这样的汉子"折扇、口红、眼影、腮红、指甲油等具有故宫创意的万余款文创产品，使得故宫成为年轻人心目中"格调""时尚"的代名词。

从文创产品的花式卖萌到玩转真人秀，从咖啡馆再到彩妆，故宫的角色不断丰富，热点事件的营销及开发也让藏品更具商业价值、焕发出新的时代活力；通过创新表达，古老的故宫在"网红"IP的道路上焕发无限生机"逆生长"，持续走红。

（二）"超级 IP"故宫

故宫作为传统文化的代表、博物馆文化的翘楚，近年来在自身形象宣传、产品契合度、目标消费人群、宣传渠道策略上都整体呈现出一种年轻化的趋势，从皇帝卖萌图、《我在故宫修文物》纪录片到《穿越故宫来看你》H5，故宫的IP 形象越来越清晰，故宫元素越来越受欢迎。自 2016 年 5 月文化部、国家文物局等部门下发《关于推动文化文物单位文化创意产品开发的若干意见》后，国内各大博物馆都在探索自己的文创产品开发之路。

在契合当下的主流消费人群需求的背景下，故宫对外输出文化创意，搭载在其他各式各样的品牌商品上，通过故宫淘宝、故宫文创旗舰店、故宫文化创意馆三条文创支线，不断挖掘文创增长点，根据不同阶层、人群及其生活需求，开发出种类丰富、创意十足且贴近生活的文创产品，搭建起从购物、社区、应用到游戏的文创 IP 矩阵，成为国内博物馆行业做文创的榜样。

故宫文创产品分实体和数字产品两大类。其中，实体文创产品包括故宫文具、紫禁服饰、家居陈设、故宫彩妆、故宫首饰等，数字文创产品包括"每日故宫""故宫展览""皇帝的一天"系列 App 以及"绘真·妙笔千山"等游戏。故宫采用多元化合作战略，进行 IP 衍生品开发，布局线上、线下渠道，文创产品丰富、特色鲜明。通过深度挖掘明清皇家文化元素与丰富文物资源，大力发展文创等衍生品产业，故宫累计开发文创产品超万种，网红爆款层出不穷，加上丰富创意营销、文化节目、跨界合作等，大力弘扬中华传统文化，同时重塑鲜活、年轻、接地气的品牌形象，打造互联网时代超级文化 IP，成为国潮最强IP。

（三）"数字故宫"的建设

"数字故宫"让文物历久弥新。故宫的数字化建设经历了六个阶段，囊括了管理、保护、展示、研究、教育的各项功能，最终形成了数字故宫社区的形态，实现文物信息数据化、监测信息数据化、内部服务数据化、对外宣传数据化、文化创意产品销售数据化。目前，故宫博物院已拥有全部186万件院藏文物的文物信息资源，85万件／套院藏文物影像，采集制作了1500余件院藏文物的高精度三维模型。近年来故宫推出的"数字文物库""数字多宝阁""全景故宫"等项目得到了社会各界的好评，让文化资源借助数字技术"活起来"。

"数字＋文旅"，让文物"活"起来。通过"数字化＋云化＋AI化"，故宫采用博物馆与科技企业协同的运行机制，通过资源共享、技术共享、协同合作，开发"玩转故宫"小程序、开展人工智能文化遗产复原计划，打造沉浸式数字体验展，将故宫文物以数字展览的方式呈现在成千上万人的眼前，让国宝触手可及，为游客提供了一种全新的方式去更好地了解传统文化，实现"文化＋科技"的创新融合发展。

（四）故宫文旅融合发展经验总结

多元化合作。故宫以文化为基础，注重文化创意的开发和推广，通过结合互动性、趣味性等娱乐形式，将故宫文化"IP"元素与旅游、休闲、娱乐等产品结合起来，为游客提供更丰富、更全面的旅游体验。如推出茅台故宫限量版酒、百草味故宫糕点、李子柒扎染工艺的茶具套装、故宫社交礼仪培训、毛戈平故宫系列彩妆产品等内容创新、受众年轻化、兼具传统与潮流的创新业态，引起社交媒体的广泛关注，为消费者提供有趣、有品的购物选择。同时，故宫主动拥抱商业化潮流，选择与阿里巴巴、腾讯、亚马逊等互联网公司，和卡地亚、百雀羚、稻香村、《时尚芭莎》以及明星等跨界合作，紧跟社会年轻化需求，拉近了各个阶层、各群体消费者与故宫传统文化之间的距离，在创收的同时也传播了中国传统文化。

产品差异化。故宫文旅融合注重产品的个性化和定制化，将文化资源作为服务的基础，以"厚重文化、轻松表达"的思路，通过挖掘文化的内涵和特点，触及用户兴趣点，结合品牌特性和消费者需求来定制主题各异的旅游产品设计和服务，满足不同游客的个性化、定制化需求；如推出"民俗文化+"系列活动，包括儿童游学、文创手工DIY、文化表演等活动，让全龄化游客都可以亲身体验丰富多彩的中国传统文化和故宫文化。同时，每年举办各种文化活动，如故宫文化节、故宫灯会等，吸引了大量游客前来参加。这些文化活动不仅丰富了游客的文化体验，而且也为故宫带来了更多的收益。

数字化赋能。故宫通过数字化管理系统，实现了文物信息的数字化、网络化、智能化，提升了服务质量和效率；利用互联网技术，故宫在全球范围内进行在线推介、预订、购票等服务，实现了文化遗产的全球传播和推广；推出"故宫博物院数字展厅"，游客可以通过数字展厅了解故宫的历史和文化，同时也可以在数字展厅中购买故宫文创产品，通过数字化手段，将故宫文化呈现给游客，提高游客的参观体验效果。

人性化设计。故宫为了实现文旅融合，重新审视旅游发展的逻辑，树立以人为本的发展理念，全面提升院区服务。如为方便游客，故宫在三大殿路口、十字路口、有展览的地方，设置了512块标识牌。随着开放区的扩大，标识牌的数量已经到了800多块，游客走到任何地点都可以知道自己身在何处；按照男女1∶2.6的比例设置男女卫生间，并且设置女士专用卫生间；把300盏灯杆换成了300盏宫灯，白天是景观，晚上可以照明；适时举办端午节、中秋节、重阳节等特色文化活动，进一步满足公众的文化需求、心理需求、情感需求，让公众能感受到故宫独特的节庆味、人情味。

新媒体营销。故宫积极利用互联网传播工具，开通官方微信、微博等，打造故宫淘宝、故宫文创、故宫出版等新媒体矩阵，及"每日故宫""故宫展览""故宫社区"等App矩阵，建立多方位新媒体营销阵地，形成有效品牌宣传。从2012年开始，故宫博物院开始尝试利用移动互联网为游客提供服务及藏品介绍，在新浪微博里发布相关的资讯，呈现展品，以直观的方式科普故宫历史；2013年推出故宫博物院首款App《胤禛美人图》、举办文创设计大赛、创建"故宫淘宝"微信公众号；2014年创建"微故宫"微信公众号、打造IP形象"故宫猫"；2015年推出《每日故宫》App、《韩熙载夜宴图》App、《故宫陶瓷馆》App；2016年，推出《我在故宫修文物》纪录片、"冷宫"冰箱贴、故宫"狗服"等项目；2017年发布"长城你造不造"计划、与if时尚联合打造"故宫·如果爱·护佑手链"、参与《国家宝藏》拍摄；2018年推出《上新了·故宫》电视节目等，通过IP营销、微博营销、微信营销、App营销、借势营销、跨界营销、饥饿营销、公共营销等多种新媒体营销方式，借助真实历史创造出很接地气、很卖萌的雍正帝、朱棣等一系列"虚拟形象"，打破了人们对于历史人物的固有思维，重塑了鲜活、年轻、接地气的品牌形象。

市场化经营。以文化为核心，坚持"国际化视野、个性化设计、非遗人参与、品牌化管理、市场化运作"经营理念，以输出传统文化为出发点，通过和不同品牌跨界多元合作，打造拥有文化底蕴的文创产品，实现故宫文化产品商业价值变现的同时，展现了故宫的文化价值，建构起文化传播、文化经营的IP矩阵，打通线上线下消费渠道，以"IP+文创+新消费"的商业模式，形成了一套完善的资本运作图，带来了更大的商业空间和产品溢价。

故宫专门成立了公共文化服务中心、经营管理处、故宫出版社和故宫文化传播公司等，对外投资北京故宫文化服务中心（故宫博物院的实际运营主体），北京故宫文化服务中心又对外投资了12家企业（故宫博物院拥有4家企业的控制权，包括北京故宫文化产品开发有限公司、北京故宫文化创意有限公司、北京故宫前门冰窖餐饮管理有限公司、北京故宫前门文化产业发展有限公司）；针对故宫IP衍生品开发，采用自营、合作经营、品牌授权等多种方式，同时布局线上、线下渠道：线上渠道主要有故宫淘宝店、天猫故宫博物院文创旗舰店、故宫博物院文化创意馆（微信店铺），形成故宫淘宝、故宫文创两大核心品牌；线下渠道主要有文创体验馆、儿童体验店、快闪店等。相关数据显示，故宫文创 2023 年上半年实现营收 15 亿多元，较 2022 年同期增长超过 20%，毛利润约为 8.35 亿元。

案例二 贵州台江"村BA"——特色文化产业融合案例研究

2023年中央一号文件明确提出"支持乡村自办群众性文化活动"。国家体育总局、农业农村部等12部门联合印发《关于推进体育助力乡村振兴工作的指导意见》，提出"打造三农特色鲜明、传统文化底蕴深厚、社会影响力大、可持续性强的乡村体育综合赛事活动"，为通过特色体育赛事助推乡村振兴提供了行动指南。

2023年3月25日—27日，由台盘村"六月六"吃新节篮球赛发展演变而来的贵州省首届"美丽乡村"篮球联赛总决赛在村BA圣地台江县台盘村打响。贵州省通过举办"美丽乡村"篮球联赛，以村镇为主战场，覆盖全省9个市（州），共组织民间篮球队2624支，开展了5457场比赛，有效带动了举办地旅游、文化、经济等的发展，进一步形成辐射效应，赋能和促进了贵州乡村旅游、山地康养、休闲度假等混合型产业的流通。"村BA"是贵州拓展"体育+"新业态，助力乡村振兴的生动缩影，在贵州省掀起了全民健身热潮的同时，有效带动了举办地旅游、文化、经济等发展。

贵州黔东南台江县境内有苗、侗、土家、布依等15个少数民族，其中苗族人口占98%以上，有"天下苗族第一县"之称。2022年台江县地区完成生产总值44.98亿元，同比增长9%，增速居贵州省第一。台盘村是"村BA"发源地，一个只有1188人的小山村。台盘篮球历史悠久，具有丰富的原生态民族文化；每年的苗年节、鼓藏节、吃新节等民族民间节日，成为十里八乡聚会和开展体育文化的重要节气，每年"六月六"吃新节举行的斗牛、篮球等活动，充满人间烟火气与民族特色。

（一）台江"村 BA"概况

台盘村"六月六"吃新节篮球赛因火热的现场氛围和"接地气"的办赛风格，2021 年就在网上成功"出圈"。2022 年夏天，在贵州台江县台盘村，一场脱胎于苗族传统节日吃新节，由当地村民自发组织的"六月六"乡村篮球赛火爆"出圈"，吸引了上百万人次到场观战，超 5000 万人次在线观看，全网流量突破 350 亿次，多个"村 BA"话题持续霸榜，网友参照"NBA""CBA"的命名规则，称之为"村 BA"。外交部新闻发言人在海外社交媒体推介"村 BA"，使得壮观的"村 BA"场面再次被境外媒体聚焦，也让这个名不见经传的少数民族山村一下子摇身成为"网红打卡地"。台江"村 BA"从村民自娱自乐的赛事，一跃成为全国关注的"村 BA"，火爆出圈，迅速形成现象级传播。"村 BA"火出圈后，台江县内外的球迷观众纷至沓来，有人特意自驾车几百公里，只为来一睹"村 BA"球场的真容。出于品牌效应的考量，在"六月六"乡村篮球赛结束刚一周，贵州省"美丽乡村"篮球联赛黔东南赛区半决赛在台盘村开打，一时间吸引了几万人前来观赛，将"村 BA"赛事推向高潮。

2023 年台盘村迎来首届贵州省"美丽乡村"篮球联赛总决赛，3 天 4 场球，场场上热搜，中国篮协向赛事主办方发来贺信，人民日报网站全程直播，两万多名球迷拥入村庄，全网关注量高达 5 亿人次。

（二）台江"村 BA"效应

赛事品牌化。围绕"村 BA"流量 IP，围绕将"热流量"转化为"硬品牌"，2023 年 3 月，贵州省体育局推出贵州省"美丽乡村"篮球联赛这一品牌赛事，这是贵州第一个以乡村群众为参赛主体，是贵州级别最高、参赛人数最多、周期最长的大型体育赛事，将充分发挥丰富多彩的苗族文化优势，将"村 BA"转化成兼具乡村烟火气息和新时代文明图景的文化符号和精神密码，增强比赛趣味性和观赏性。至此，台盘村"村 BA"升级为全国性赛事，成为全国蓬勃展开的"村"字头系列文体活动的开创者、引领者、贵州文明乡风新名片和群众文化新亮点,走出了一条"体育+文旅+农业"融合、乡村体育和乡村振兴深度结合的新路。

经济显著增长。据统计,2023年3月25日至26日比赛举办期间,黔东南旅游搜索热度较上个周末飙升276%,当地景区与用车订单量较上个周末大幅上涨,其中景区上涨143%,用车订单上涨超三成;台盘乡酒店爆满,带动县城各宾馆酒店入住率达81%以上,餐饮店日均收入达2.8万元,临时摊位商贩累计收入600余万元;2022年比赛期间,台盘村接待游客40万人次,旅游综合收入达2154万元,村民人均纯收入从2012年的4360元提高到2021年的1.56万元,增长了2.58倍。虽然比赛现场不收门票、网络直播不收费,但带动了村里农产品、旅游、餐饮等消费成倍增长,返乡创业人群、就业岗位显著增长。

基建提档升级。为了扩大影响力和提升参赛体验,台盘村对篮球场及周边进行了提质升级,配套了媒体采访接待间、宾客会客休息间、运动员更衣休息间,还增加了停车场、小吃街等。2022年,台盘村村民小轿车拥有数已从2012年的15辆增加到93辆,基础设施不断完善,10分钟上高速,半小时坐高铁,5G网络全覆盖,村里家家户户都连通了"硬化路"。

产业集群化发展。"村BA""村超"的出现激发了民族文化旅游产业和体育产业的有机融合,构成多维联动发展的产业融合态势,扩大了贵州乡村振兴的开放格局与战略纵深。当前,"村BA"已经成为台江县、黔东南州,乃至贵州的旅游新名片。台江县全面谋划"体育+"新业态,发起成立"村BA"联盟、推出"村BA"之旅、打造"村BA"篮球特色小镇等,一个以"村BA"为核心的"体育+"产业集群正在形成。

(三)台江"村BA"现象成因

地理条件优越。台盘乡是台江县至凯里市的西出口,东南面与萃文街道接壤，北与革一镇交界，南与排羊乡相邻，西与凯里市毗邻，境内有320国道和镇（远）台（盘）旅游公路、沪昆高铁穿境而过，凯里二龙至台盘32米城市主干道。地理位置得天独厚，让台盘成为凯里郊区的"金三角"。这里方圆几十里村寨密集人口众多，加上篮球场周边用原来的斜坡改成水泥阶梯，大大增加了容纳量，每年篮球赛，都吸引成千上万来自五湖四海的观众。

浓厚的篮球热情。台盘篮球历史悠久，具有丰富的原生态民族文化。每年的苗年节、鼓藏节、吃新节等民族民间节日，成为十里八乡聚会和开展体育文化的重要节气。由于台盘交通方便，人口密集，每年"六月六"吃新节举行的斗牛、篮球等活动，都是人山人海，充满人间烟火气。特别是"村BA"出圈以后，赛事活动效仿职业联赛，中场时候穿插芦笙舞、反排木鼓舞、苗族飞歌、侗族大歌等民族歌舞表演，刮起"最炫民族风"。决赛奖品为黄牛、山羊、小香猪、鸭鹅、鲤鱼等农特产品，非常接地气。

"氛围火热"。台盘村篮球赛现场热烈感和氛围感历来有之，而2022年的吃新节篮球赛，由于队伍多，时间短，这期间从白天打到天亮，从天亮打到天黑，球队间激烈对抗，群众人气高涨，受到新媒体纷纷关注点赞，引起全国广大网民共鸣。更有特色的是，台盘村篮球赛有"气氛组"，在主持人的引导下呐喊助威，与各种喝彩声此起彼伏，令人振奋万分。

新媒体传播。台盘村的篮球赛通过抖音、快手、视频号等自媒体的宣传篮球赛事，传播速度之快、影响范围之广、关注效应之高，远超初期预计效果，实属罕见。而台盘的"乡村篮球"作为乡土体育文化代表传播到全球各地，点燃了全民的篮球激情。

（四）台江"村BA"成功经验

坚持群众主体，持续深化"村BA"的参与感。坚持人民群众在体育运动中的主体地位，将人民民主贯穿群众自主办赛、自主观赛、自建自管全过程，推动"村BA"体育赛事深入乡村、下沉农家。推行"赛规进村规",将篮球场管理、停车场管理、环境卫生整治、文明看球行为等纳入村规民约,村民自发成立篮球协会,组建赛事组委会,自由组织球队、自愿筹措经费,从比赛安排到气氛组织全部由群众包干,当地政府做好协调服务保障。

坚持文化融合,做好"文化+体育"文章,持续增强"村BA"的观赏性。紧扣中华优秀传统文化创新性、统一性、包容性等突出特性,积极探索体育文化与民族文化、区域民俗深度融合,构筑起各民族交往交流交融沟通桥梁,切实让"村BA"富有文化传承、乡愁记忆的价值意义,将"村BA"转化成兼具乡村烟火温度和新时代文明图景的文化符号、精神密码。把台江苗族飞歌、多声部情歌、反排木鼓舞等非遗文化搬到赛场,让观众现场体验体育竞技精神的同时享受到原汁原味的民族文化盛宴。利用赛事解说穿插、宣传标语、宣传画册等媒介,积极宣传社会主义核心价值观,大力倡导"多个球场、少个赌场,多场球赛、少场酒席,多看名角、少些口角"的文明新风尚。

坚持区域发展,做好"品牌+旅游"文章,持续扩大"村BA"的影响力。多形式、多举措扩大"村BA"影响力,积极促进地方经济高质量发展,增进群众福祉,不断为乡村振兴增添动力。积极推动"黔货出山",创新"村味十足"宣传渠道,将台江鲤吻香米、生态鲟鱼、银饰制品、果蔬脆等作为优胜参赛队伍的奖品。注重促进文旅融合,聚焦"客源、资源、服务"三要素,打造"4A级景区成线、3A级景区成面"全域旅游文体新地标和旅游新名片,让村民享受到"村BA"带来的增收红利。深入实施万元田、美丽庭院、百万村集体经济"三大工程",打响"苗疆秒办"贵人服务品牌,持续唱响围绕主导产业抓招商抓项目主旋律,苗疆腹地小县城,引来多家知名企业。

坚持全面保障,当地政府护航"村BA""村超"发展。为保障"村BA"健康持续发展,贵州完善知识产权全链条体系,保障"村BA""村超"品牌发展。

2023年3月成立贵州台江体旅融合产业发展（集团）有限责任公司，推进"村BA"系列文创产品设计、开发、生产，开办第一家台盘村"村BA"官方线下体验店并投入运营。2023年7月，贵州省市场监管局印发《"村BA""村超"品牌培育及知识产权保护工作方案》，从"村BA+产业""村超+产业"系列商标培育、品牌创建等方面，加强"村BA""村超"品牌培育、知识产权保护工作。积极指导黔东南州开展"村BA""村超"商标注册申请，支持台江县、榕江县实施知识产权战略。目前台江县获批"村BA"系列商标5个，申请注册"村BA"系列商标139件。同时，台江县为丰富文旅产品供给，打造集餐饮娱乐、民俗文化、农特产品于一体的集市——"深山星光夜市""深山非遗集市"。这些集市成为众多篮球迷的网红打卡地，在没有比赛的时间段，台盘村每天也会迎来不少"打卡"的游客。

案例三　圣淘沙名胜世界——国际旅游度假区发展案例研究

(一) 度假区概况

圣淘沙名胜世界位于新加坡，是亚洲著名的度假目的地。圣淘沙名胜世界集吃喝玩乐购及住宿于一身，是情侣蜜月度假、全家亲子欢聚、银发健康养生、会奖企业商旅首选。

1. 历史沿革与区位优势

圣淘沙名胜世界坐落于圣淘沙岛，一个新加坡南部岛屿，北纬1°14′53″，东经103°49′48″，位于新加坡本岛以南500米处，东西长4千米，南北宽1.6千米，面积390公顷。岛上70%的土地被次生雨林覆盖，栖息着巨蜥、猴、孔雀和鹦鹉等动物以及各种其他当地的动植物群。岛上还有3.2千米长的白色沙滩。

"二战"期间，英国人在现圣淘沙岛地区部署重兵，以防日本人进犯。1965年新加坡独立，英军还在岛上驻扎。新加坡要求收回该地区，要在这里建造炼油厂或者其他工厂。但英军撤离之后，新加坡又改变了原来的想法，要将该地区打造成一个海上乐园，吸引全世界的游客前来旅游、观光、度假。这也恰好符合新加坡的国家规划，打造花园城市，让旅游业成为国家主要经济支柱。于是新加坡政府面向全国征选名字，"圣淘沙岛"正式得名。

1972年，新加坡政府成立了圣淘沙发展局，发展、推广圣淘沙岛及另外9处南部岛屿；2002年，圣淘沙发展局制订了新的十年发展计划，投资80亿美元打造亚洲顶级休闲旅游目的地；2006年，马来西亚云顶集团获得圣淘沙名胜世界开发经营权；2010年，耗资65.9亿新元（300多亿元人民币），占地49公顷的圣淘沙名胜世界正式开门营业。

2. 主要旅游接待设施

圣淘沙名胜世界旅游度假区拥有包括环球影城在内的 4 大世界级旅游景点，8 家风格各异的豪华酒店、众多娱乐表演以及一系列餐饮与零售名品店（见表 5-1）。设施完善的会议场地可以提供专业的会展服务。游客不必来回奔波就可以满足全部旅游需求，非常适合度假。

表 5-1 圣淘沙名胜世界旅游接待设施

景点	酒店	会展	购物	餐饮	活动
新加坡环球影城	康乐福豪华酒店	名胜世界会议中心	7-11 便利店，汇集美妆、服饰、珠宝、手表、玩具等 30 余个全球一线品牌的购物中心	包含中餐、意餐、日式在内的特色餐厅、咖啡厅、酒吧、快餐、特色美食街等品类的餐厅 30 余家	包括 2 家赌场、8 号街音乐表演、沉浸式体验凡·高画展等
	逸濠酒店				
S.E.A. 海洋馆	逸濠别墅				
	逸濠套房				
水上探险乐园	逸濠豪阁				
	Hard Rock 酒店				
海豚园	迈克尔酒店				
	云顶裕廊酒店				

资料来源：https://www.RWsentosa.com/zh-cn

（二）经营思路分析

1. 依靠区位优势锁定市场

新加坡作为世界级航运中心、金融中心、航空港，是圣淘沙名胜世界旅游发展的强有力的依靠。近年来，新加坡入境游客数量一直保持持续增长态势。2018 年、2019 年，新加坡入境游客量占整个亚太地区国际游客数量的 5.3%。

疫情对新加坡旅游业产生了较大影响，2022年新加坡旅游市场逐步重新启动和恢复。新加坡旅游局最新发布的统计数据显示，2022年入境旅客从2021年的33.06万人次增长约19倍，达到630万人次（见图5-1）。新加坡入境旅游市场乃至整个亚太区域庞大的国际旅游市场为圣淘沙名胜提供了有力的市场保障与支撑。

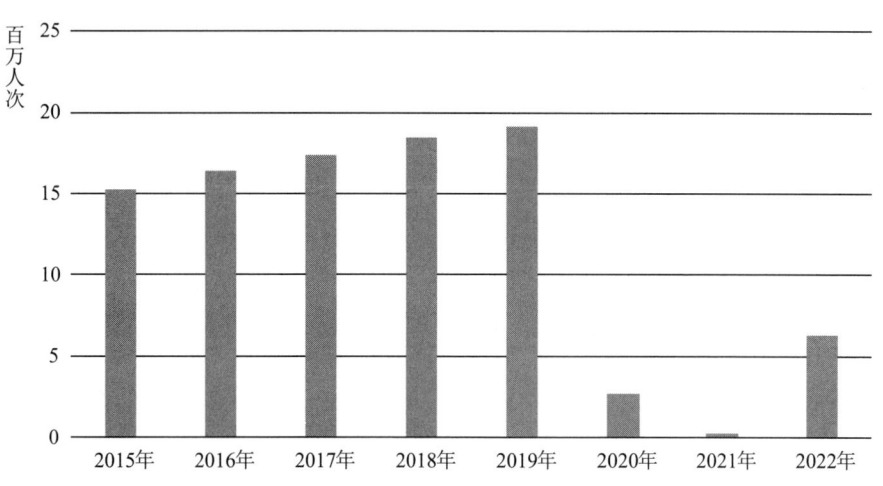

图5-1　新加坡接待入境游客数量

资料来源：UNWTO晴雨表。

2. 提供一站式度假

圣淘沙名胜世界集赌城、环球影城以及世界上最大的水族馆于一体。麻雀虽小，五脏俱全，美丽的海滩、湛蓝的海水、刺激的主题公园、赌城等所有这些吸引物集于一个小岛上就是一种强大的魅力。

每一家酒店都有独特的设计主题，亲子、蜜月、休闲、商旅可各取所需。购物、娱乐、住宿等区域有效分割，酒店内部以购物大道相连，保证游客流动的舒适度与便利化，从而营造良好的消费环境以达到营收最大化。

圣淘沙名胜世界为旅游者提供10种以上旅游体验，自然风光、非惯常的居住环境、历史遗迹、主题乐园、博彩娱乐、休闲度假、教育培训、亲子研学这些差异又互补的旅游元素，在一站式目的地集中体现，这也构成了圣淘沙名胜世界的核心竞争力。

3. 打造主题公园为核心吸引物

圣淘沙名胜世界包括环球影城、S.E.A.海洋馆、水上探险乐园、海豚园四大主题乐园。每个主题乐园特色鲜明，吸引不同的目标群体。

环球影城拥有世界上规模最大的梦工厂动画单体收藏景点、《怪物史莱克》里遥远王国城堡、《马达加斯加》主题公园以及《鞋猫剑客历险记》——世界上第一个得到《穿靴子的猫》授权的主题悬吊飞车，通过电影IP吸引年轻人到访。

S.E.A.海洋馆是世界上最大的海洋馆之一，设有49间展馆，参观者可以近距离观看各种海洋生物物种。总储水量逾6000万升，拥有800多个物种，逾100 000只海洋动物。对家庭亲子市场而言，S.E.A.海洋馆有着卓越的吸引力。

以主题公园为主要吸引物，扩大游客到访量，沿旅游主线不断横向发展，形成集观光、休闲、住宿、餐饮、购物于一体的休闲度假中心，从而增加游客停留时间，最终实现食住行游购娱的多元消费体验。

4. 利益最大化兼顾社会责任

云顶新加坡公司经营圣淘沙名胜度假区，兼顾利益最大化与社会责任。自2013年起，每年发布年度可持续发展报告。力争在2030年达到碳中和，通过可持续的实践和发展，创造积极的社会经济影响。从节能减排方面关注自然环境，从志愿者与义工队伍关注社会影响，2021年的调查显示，圣淘沙名胜度假区游客满意度达88.5%。

（三）公司业绩分析

圣淘沙名胜世界是2010年由云顶集团斥资65.9亿新元兴建。云顶新加坡有限公司（"云顶新加坡"）于1984年在马恩岛成立。1987年3月20日，云顶新加坡转型成为股份有限公司,并于 2005 年 12 月 12 日在新加坡证券交易所主板上市。

公司营收分博彩、非博彩、租金、接待及其他支柱服务收入。非博彩类营收包括酒店、景点、其他类别。从近年的年报可见,云顶新加坡公司以博彩业营收为主,营收的 70% 左右来自博彩业。在非博彩业营收中,酒店与景点营收几乎平分秋色。

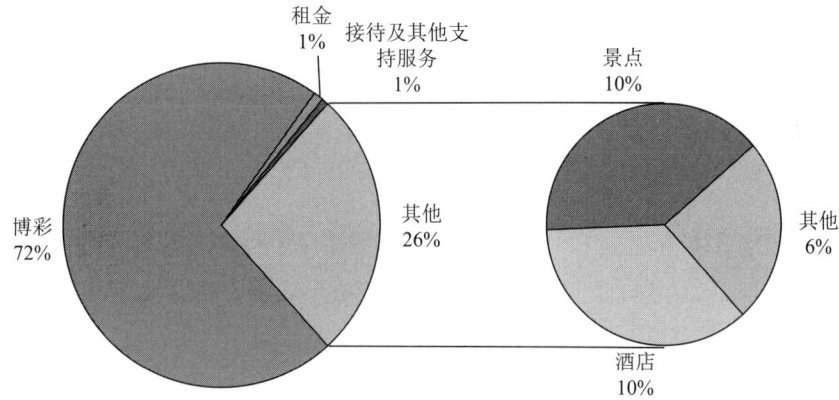

图 5-2　2022 年上半年营收分布图

资料来源:云顶新加坡公司 2022 年上半年年报

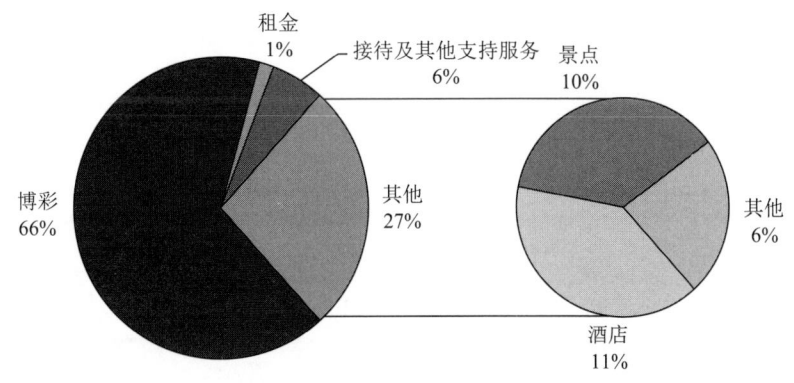

图 5-3　2021 年营收分布图

资料来源:云顶新加坡公司 2021 年年报

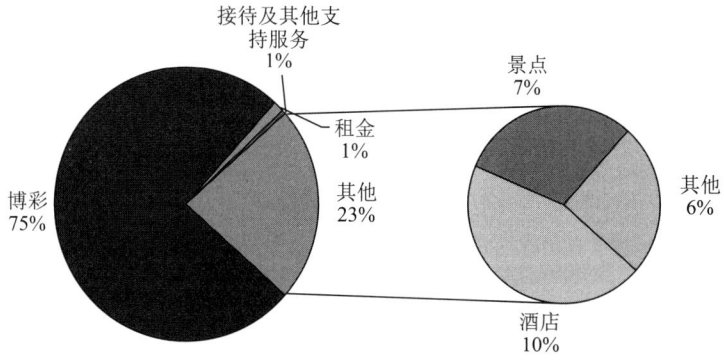

图 5-4　2020 年营收分布图

资料来源：云顶新加坡公司 2021 年年报

2017—2019 年，云顶新加坡公司总营收基本保持在 25 亿美元上下。景点营收显著高于酒店营收。2020 年后，受新冠疫情影响，各类营收下降超 50%，酒店营收与景点营收基本持平。2021 年新冠疫情持续，旅游业相关营收占比显著下降，酒店营收反超景点营收。2022 年新加坡旅游市场逐步重新启动和恢复。新加坡旅游局最新发布的统计数据显示，游客已经恢复至疫情前 33% 的水平。根据云顶新加坡公司 2022 年上半年年报显示，2022 年上半年总营收达 6.63 亿美元，酒店营收达 6900 万美元，景点营收 4300 万美元。各项营收明显高于去年同期，酒店营收高于景点营收。

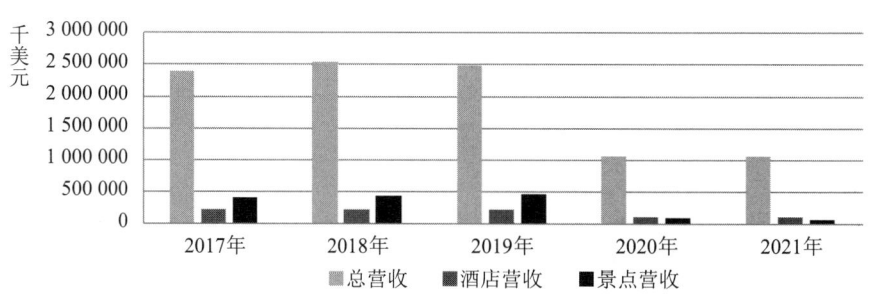

图 5-5　2017—2021 年云顶新加坡公司营收

资料来源：云顶新加坡公司年报

（四）SWOT 分析

1. 优势

（1）丰富的资源具有强大的吸引力

圣淘沙岛三面环海，境内较少山坡地，以沙滩、平地为主，拥有较长的海岸线、充足的阳光和优良的沙滩，生态和气候适宜进行观光和休闲为主的旅游开发。整个岛屿的植被覆盖率达到80%，以天然林为主，经过多年的更替，已经形成比较稳定的植物群落，主要分布在岛的中部地区，它是圣淘沙名胜世界作为一流景区的天然优势和基础。

除了出众的自然资源，"综合""娱乐"是圣淘沙名胜世界差异化定位的两个核心点。目前度假区已经集观光、购物、休闲、娱乐、度假于一体。旅游产品的组合以大型娱乐为主，定位为主题乐园式滨海度假地，区别于周边马尔代夫这类世界闻名的私密安宁型岛屿。圣淘沙名胜世界度假区打造出自身特色，与其他东南亚滨海度假区进行差异化竞争。

（2）发展会奖旅游，吸引商务旅客

圣淘沙名胜世界度假区面积不大，但是开展活动和会议的场地多且设施完善。除了会议中心可以为跨国大型公司提供会展旅游服务，许多景点包括环球影城等都可在营业时间外变身成为会议、婚礼、活动场所，同时配备齐全的酒店、娱乐设施。圣淘沙名胜世界打造国际级会展中心的国际影响力提高。

（3）便捷的交通锁定新加坡入境客源市场

圣淘沙岛和新加坡中心城区的关系是离岛与中心城市的关系。从新加坡市区前往圣淘沙岛只需15分钟，游客除了可以选择自驾、出租车上岛以外，还可以步行通过圣淘沙步行廊道入岛。这是新加坡唯一一条主题式花园滨海长廊步道，连接Vivo City和圣淘沙名胜世界，占地面积16 500平方米，全长670米，步行时间约15分钟。步行道铺设在大型园林花园，增添了步道的绿意与生气。

夜晚时分，步行道上会亮起绚烂的景观灯，人群可以在灯光下欣赏夜晚海景。游客还可以选择缆车或者捷运抵达度假区。便捷的交通为游客造访圣淘沙名胜世界提供了便利。

度假区内部的交通系统组织也非常完善，由巴士、捷运、沙滩火车、缆车四种类型组成。其中以巴士为主要交通工具，其余四种类型兼有游览性质。游客可以便捷到达景区内的各个主要景点。

（4）兼顾可持续发展

自2010年起，可持续发展就影响着圣淘沙名胜世界的商业发展决策。珊瑚移植、雨水收集、太阳能板发电场及三公顷受保护的雨林等诸多举措使圣淘沙名胜世界获得众多的肯定及嘉奖。度假村通过发展"RWS Full Circle Framework"来确保商业低碳化和可循环经济、创造积极的社会经济价值，更好地服务于现在和未来的地球居民。在新加坡绿色计划指引下，圣淘沙名胜世界致力于建设世界顶级旅游目的地。

2. 劣势

（1）景点面积小

新加坡作为高收入国家，建筑物、旅游景点建设成本都比较高。全球知名的环球影城中新加坡环球影城占地面积最小。园区面积小导致旅游产品丰富度低、游客承载量低，对于付出较高出游成本的入境游客而言，降低了旅游体验。

表 5-2　各地环球影城面积

名称	北京环球影城	好莱坞环球影城	奥兰多环球影城	大阪环球影城	新加坡环球影城
面积（平方千米）	4	2.12	0.6	0.54	0.22

（2）人均消费高

圣淘沙名胜世界乃至整个新加坡的物价水平都很高。携程旗舰店售卖圣淘沙名胜世界云顶裕廊酒店 1300 元 / 晚，这是圣淘沙名胜世界内最便宜的酒店。在我国，同级别酒店仅需要 800 元 / 晚。就餐饮而言，有相关人士将上海的餐饮消费水平和新加坡进行比较，发现新加坡的外出就餐成本比上海高 50% 左右。

根据新加坡金融管理局和贸工部 2023 年 1 月公布的数据，2022 年新加坡整体通胀率为 6.1%。通胀加之原本不低的物价水平，使得圣淘沙名胜世界人均消费偏高，一定程度上阻碍了一部分游客的到访或相当程度地降低了停留时间。

表 5-3　上海与新加坡餐饮价格对比

单位：元人民币

	上海	新加坡
普通简餐	40	77
中档餐厅（2人）	290	412
KFC 套餐	40	42
进口啤酒	30	62
咖啡	28	30
可乐	3	9

资料来源：https：//baijiahao.baidu.com/s?id=1754270155361566890&wfr=spider&for=pc

（3）自然景观缺少独特吸引力

圣淘沙名胜世界坐落于圣淘沙岛，属于滨海类旅游度假区。相比马来西亚与印度尼西亚的滨海类旅游度假区，缺少独特的自然景观优势。周边国家同类型度假区数量多，彰显了独具一格的自然景观魅力，并且拥有同样的交通便利性和价格优势，圣淘沙名胜世界很容易被替代。

3. 机遇

受疫情影响，新加坡旅游接待量大幅缩减，疫情同样给予新加坡名胜世界以重创。游客造访量的空窗期同样为圣淘沙名胜世界度假区迎来了扩改建的机遇。

圣淘沙名胜世界于 2019 年发布扩建计划，内容包括新增景区、娱乐和生活方式等各项体验。环球影城将增设小黄人乐园，S.E.A. 海洋馆将进行深度升级并重命名为新加坡海洋馆。这两个升级后的景区将会是圣淘沙名胜世界 2.0 的重要组成部分，也将成为新加坡崭新的旅游名片。2022 年，圣淘沙名胜世界将投资约 4 亿新币用于整体的扩建计划。与此同时，Hard Rock 酒店、迈克尔酒店和节庆酒店，超过 1200 间客房将启动翻修计划。翻新后的节庆酒店将成为一座融合商务休闲及工作度假元素的酒店，为追求新一代商务潮流的宾客提供多样化的移动办公空间和劳逸结合的生活休闲设施。名胜世界会议中心也将迎来设施的翻新，以强化圣淘沙名胜世界作为优选商务目的地的定位。

从 2022 年开始，旅游市场重新启动和恢复。新加坡旅游局近日公布，预计 2023 年到访新加坡的国际旅客人次可达 1200 万至 1400 万，将带来 180 亿至 210 亿新元的旅游收益；旅客人次和旅游收入将恢复到 2019 年新冠疫情前 67% 至 75% 的水平；2024 年旅游业实现全面复苏的可能性很大。新加坡政府多措并举，加速旅游业复苏。2022 年 4 月，政府宣布拨款近 5 亿新元用来刺激旅游业复苏。旅游局计划在未来两年从这笔预算中拨出 1.1 亿新元，推出更多商业和休闲活动吸引旅客回流。改造完成后的圣淘沙名胜世界，将以更先进的设施更优质的服务锁定更大市场份额。

4. 威胁

虽然疫情后新加坡的旅游显示出强劲的复苏势头，但物价上涨、通胀等因素对新加坡的经济乃至圣淘沙名胜世界的经营都产生了一定不利影响。较高的运营开支可能会进一步侵蚀公司的利润。未来疫情走向的不确定性，也是旅游企业要面临的挑战。

此外，业内竞争者对市场份额的激烈抢占也对圣淘沙名胜世界的经营造成巨大威胁。例如坐落于新加坡滨海湾畔的滨海湾金沙综合度假区，与圣淘沙名胜世界共同作为新加坡整体旅游战略的重要组成部分，两者共享市场资源。滨海湾金沙综合度假区同样拥有顶级酒店、购物、博彩、会展资源，竞争激烈。

参考文献

［1］戴斌.中国旅游研究院专项研究：终结与重构——2022年旅游经济回顾与2023年展望［R］.北京：中国旅游研究院（文化和旅游部数据中心），2023.

［2］戴斌.冰雪旅游要培育更加多元更有活力的市场主体［R］.哈尔滨：2023中国冰雪旅游发展论坛，2023.

［3］戴斌.擘画文旅融合新蓝图　部署旅游复苏新任务［J］.中国旅游报：特别评论，2023.

［4］戴斌.中国旅游研究院专项研究：春节旅游市场高开　全年旅游经济稳增［R］.北京：中国旅游研究院（文化和旅游部数据中心），2023.

［5］戴斌.新时代中国旅游的方向、路径与政策［R］.杭州：世界旅游联盟·湘湖对话，2023.

［6］戴斌.中国旅游研究院专项研究：转折之际　重构之时——2023年劳动节假日旅游市场特别评论［R］.北京：中国旅游研究院（文化和旅游部数据中心），2023.

［7］戴斌.中国旅游研究院专项研究：文旅融合的深度与避暑康养的广度——2023年端午节假日旅游市场评论［R］.北京：中国旅游研究院（文化和

旅游部数据中心），2023.

［8］戴斌.中国旅游研究院专项研究：长江国家旅游线路建设方略［R］.北京：中国旅游研究院（文化和旅游部数据中心），2023.

［9］戴斌.中国旅游研究院专项研究：旅游经济新格局与产业政策新导向——兼论2023年上半年旅游经济形势与暑期消费展望［R］.北京：中国旅游研究院（文化和旅游部数据中心），2023.

［10］戴斌.中国旅游研究院专项研究：文化创造新时空 旅游消费新场景［R］.北京：中国旅游研究院（文化和旅游部数据中心），2023.

［11］戴斌.中国旅游研究院专项研究：预期的增长和理性的繁荣——2023年中秋、国庆假日旅游市场特别评论［R］.北京：中国旅游研究院（文化和旅游部数据中心），2023.

［12］戴斌.夜间旅游从何时来？到哪里去？［R］.三亚：2023中国夜间经济论坛，2023.

［13］戴斌.中国旅游研究院专项研究：想要的春节长假来了，团圆旅游两相宜——评2024年部分年节和纪念日放假安排［R］.北京：中国旅游研究院（文化和旅游部数据中心），2023.

［14］江浙地区县域文化和旅游融合发展评测报告［R］.北京：中国旅游研究院（文化和旅游部数据中心），2023.

［15］丁晓燕，孔静芬.乡村旅游发展的国际经验及启示［J］.经济纵横，2019（04）：79-85.

［16］董芹芹，沈克印.法国运动休闲特色小镇建设经验及对中国的启示——以霞慕尼（Chamonix）小镇为例［J］.武汉体育学院学报，2018，52（06）：20-25.

［17］李燕，黄正多.马尔代夫旅游业的发展及其原因［J］.南亚研究季刊，

2009,(04):65-70,113.

[18] 黄沛,丰爱平,吴桑云.浅析国际著名海岛旅游开发与管理对我国海岛的借鉴作用[J].海洋开发与管理,2011,28(05):36-39.

[19] 王胜.海南应向坎昆学什么[J].今日海南,2011,(02):30-31.

[20] 蒋传瑛.阿联酋旅游业发展模式研究[J].阿拉伯世界研究,2011,(05):72-81.

[21] 迪拜世界中心(DWS)简介[EB/OL].[2014-06-10].http://dubai.mofcom.gov.cn/article/ztdy/201406/20140600619496.shtm

[22] 朱洪军,张林,鲍明晓.体育特色小镇的国际案例分析与主要启示[J].山东体育学院学报,2018,34(06):28-34.

[23] 苏芳.以圣淘沙岛的开发经验解析刘公岛的生态旅游开发[J].安徽农业科学,2009,37(21):10305-10307.

[24] 祁洪玲,刘继生,梅林.国内外旅游地生命周期理论研究进展[J].地理科学,2018,38(02):264-271.

[25] 创利15亿,来看看故宫文创的走红秘诀[EB/OL].[2021-02-04].https://www.sohu.com/a/448710682_186085.

[26] 故宫博物馆的跨界营销模式研究[EB/OL].[2023-03-28].https://www.sbvv.cn/chachong/123125.html.

[27] 六百年历史的故宫,为何越活越年轻,成为最受欢迎的文创IP？[EB/OL].[2021-11-15].https://baijiahao.baidu.com/s?id=17164926096682 71947&wfr=spider&for=pc.

[28] "文创"+"文旅"让传统文化走得更远[EB/OL].[2022-12-10].https://www.sohu.com/a/619263625_121118999.